未婚と少子化

この国で子どもを産みにくい理由

筒井淳也
Tsutsui Junya

PHP新書

はじめに

少子化は日本にとって最大の取り組むべき問題の一つだが、いくつかの誤った、あるいはミスリーディングな認識がある。そのため、全体として議論のバランスが悪い状態が続いている。その状態をアップデートし、少子化対策を一歩前に進めるのが本書の主な目的である。

詳しい説明に入る前に、ここで簡単にミスリーディングな認識をリストアップしていこう。

比較的大きな誤解は、「少子化対策とはすなわち子育て支援のことだ」という認識である。この認識は、全く間違っているというわけではない。子育て支援は言うまでもなく重要である。ただ、それを唯一の政策、あるいは最優先の目的だと考えるのはバランスの悪い認識だ。こと日本の少子化問題については、子育て支援を慎重に位置づけ直す必要がある。日本の少子化は、少なくとも2015年くらいまでは、結婚している女性の出生《しゅっしょう》率の低下というよりも、結婚しない女性の増加によってもたらされる部分、つまり晩婚化・未婚化によるところが大きかった。結婚していないがそれを希望する人が結婚するための政策としては、子育て支援の優先度は最上位にあるわけではない。

ただ、ここ最近ではこの配分が変化しつつある。つまり、結婚している女性の出生率も下がってきた可能性が高い。それでも未婚率はまだ高い水準にあり、かつてのように「20代で結婚するのは当たり前」という状態に戻っているわけではない。日本の場合は結婚が減っていること、あるいはタイミングが遅くなっていることが、いまだに大きな問題として残り続けている。

次に、このような認識に立った上で、次のような主張がしばしばなされる。「減ってしまった結婚からしか子どもができないという想定が間違っている。欧米社会でも結婚は減っているが、出生率は比較的高い。それは、結婚していなくても子どもが生まれている（婚外子の割合が高い）からだ。したがって、婚外子を増やすことが少子化対策になるはずだ」という主張である。

これもまた誤解である。欧米社会ではたしかに婚外子が増えており、フランスなどでは出生数の半数ほどを婚外子が占めるが、ほとんどは事実婚（同棲）カップルの子である。しかも自発的に、あえて同棲を選択し、子をもつカップルが多く、さらに第2子出生の前くらいには法律婚に移行する者も目立つ。つまり、婚外子が増えればよいという主張は、事実婚や同棲が増えればよいという主張と同じことになるのだが、この点がきちんと考慮されているのかどうかはかなり不明確である。

　少子化対策となるとすぐに欧米社会のケースが注目されがちだが、三つ目の誤解はこれに関連したものだ。すなわち、フランスなど一部欧米社会の出生率が高いのは移民の出生率が高いからであって、政策的な効果の結果ではない、という認識である。これもミスリーディングな見方である。データを見てみれば、移民が出生率に貢献するかどうかはケース・バイ・ケースであることがわかる。日本の場合、海外出身の女性の出生率は低めである。

　四つ目は、自治体の少子化対策についてである。しばしば、少子化対策のモデルとすべく、合計特殊出生率*が高い自治体に注目が集まる。これに対して、「子育て予定の人がその自治体に集まって（移って）いる結果であって、日本全体の合計特殊出生率には影響しないのではないか」という留保がなされることがある。たしかに合計特殊出生率という数字の特性上、出産予定の人が均等に自治体間を移動したところで、移動元の自治体でも移動先の自治体でも合計特殊出生率は変わらない。他方で、地理的移動が出生率に影響する条件についてはきちんと考えられているわけではない。自治体ごとの比較をするためには、もう少し詳しく、落ち着いて数字を見ていく必要がある。

＊合計特殊出生率とは、ある年において各年齢（ただし15～49歳）の女性が平均して何人出産したのかの数値（年齢別の出生率）を、年齢分合計したものである。したがって、もしある女性がある年の15～49歳の年齢別出生率を経験した場合、そのあいだに何人出産をすることになるのか、を表している。もっと単純化すれば、「女性が一生のうちに何人出産するのか」の数値であると言える。

以上のような誤解だけではなく、これまでの少子化対策には原因の認識を含めて、問題・課題が多い。そうなってしまう理由はさまざまだが、子どもを生み育てるという経験があまりに「身近」なものであるために、多くの人が自分の経験や認識から意見を持ちたくなるということもあるだろう。このこと自体は何も悪いことばかりではないが、専門的知見に基づかない意見はしばしばバランスの悪い見方に帰着する。

もちろん専門家の中でも見解が分かれることもある。というのは、自然科学的な現象と違い、人間社会に関係する変化については、ブレのないエビデンスがなかなか得られにくい――再現性が低い――という事情もある。ある研究が指摘している出生率に影響する要因の効果は、別の研究では立証できない、といったことがしばしば生じる。とはいえ、肝心なのはさまざまなデータや実情を総合的に見た上で、バランスの取れた方向性を探ることだ。少子化に関する書籍は多数出版されているが、本書はそういった観点を強調する立場から書かれている。

総じて言えば、最優先の少子化対策、あるいは少子化「社会」対策は、出生率を上げることではなく、出生数が増えないことを前提としても機能する社会をいかに構築するかにある。次に、それを前提としつつも、できる範囲で出生率と出生数を増やすように工夫することである。いずれの論点においても、まだ政治やメディアにおける議論が成熟していないように思える。

政治もマスコミも、少子化対策といえば子育て支援の予算や財源の話に傾きがちだ。しかし予算は政治・政策のすべてではない。ここでもバランスの悪さが露呈している。少子化対策は、予算をさけば効果が出るといった単純な問題ではない。社会の仕組みを変えることも必要になる。「仕組みを変える」ことと「お金を出す」ことは、関わり合いつつも、同じことではない。

「問題関心に合わせてバランスよく問題を見る」という方針は、「少子化対策のウソを暴く」「少子化のたった一つの原因」といった、ウェブ上にありがちな、ある意味で無責任な言説とは相容《あいい》れない。少子化がそれほどシンプルな問題だとしたら、むしろありがたいことだ。多くの国がそれで頭を悩ますこともない。しかし実際は違う。複雑で複合的な問題であるがゆえに、持続している問題なのだ。

たしかに「バランスよく見る」「個々に判断する」といったやり方は、なんともスカッとしない、ウケが悪い方針であろう。しかし複雑なものをシンプルに見すぎると、必ずしっぺ返しを食らう。別の言い方をしよう。日本社会には、少子化に関するバランスのよい見方や対応をスキップして、わかりやすいが役に立たない物語を消費し続けるような余裕はもうない。本書が、より広い視野から少子化問題を見ていくための一助となれば幸いである。

未婚と少子化

目次

第3章　少子化問題と自治体

第4章　グローバルな問題としての少子化

第5章　少子化に関わる政策と数字の見方

第1章

少子化の何が問題か

少子化問題を整理する

2023年4月24日、筆者は政府の少子化対策をテーマにして日本記者クラブで講演を行った。* そのとき記者の方から「日本の適正な人口規模はどれくらいだと思うか」という質問があった。

* 「人口減少　80万人割れの衝撃」（2）。記者会見の全編はYouTubeで公開されている。https://www.youtube.com/watch?v=LeAQTd-Tlxk&t=2946s

たしかに記者会見のタイトルに「人口減少」という言葉が置かれているからには、人口規模に関する質問があることは不思議ではない。一般的にも「適正な人口規模」という問いは、それ自体であり得るものであるとは思う。20世紀の前半ころまでは、マルサスの議論を受けて収穫（生産性）と人口増加の関係が論じられることがあった。しかし現代の、特に経済先進国の少子化対策の文脈でそれがどういう意味を持つのか、一瞬考え込んでしまったことを覚えている。

人口減少という言葉は、少子化が社会問題として広く認識されるようになった1990年代以降、しばしば書籍や論評のタイトルとして用いられてきた。しかしその意味内容は曖昧で、日本の人口規模が少ない状態に移行することを指していることもあれば、「若い人が減っていく（人口構成が高齢化する）」という意味で使われることもある。だが、当然この二つは同じものではない。日本よりずっと人口が少ない国で、日本よりもずっと人口構成が若い国はたくさんある。

かねてから感じていたのだが、どうも多くの人は少子化をめぐる問題をきちんと整理できていないのではないだろうか。関連するが基本的に異なった問題や概念が曖昧に混同されていることはないだろうか。

少子化問題に関連する概念や数値にはさまざまなものがある。少し整理してみよう。人口あるいは少子化に関連する数値といえば、やはり出生率を真っ先に考える人が多いだろう。日本では合計特殊出生率が使われることがほとんどである。そのほかには、出生数、人口規模、人口構成、人口増加・減少、高齢化率、転入・転出などがある。ここで重要なのは、これらの数字のあいだの関係、そして個々の数字がどういう文脈で意味を持つのか、どういった目標のためにはどういう数字に注目すべきなのかを、きちんと理解しておくことだ。

ここではまず、「規模」と「構成」の違い、あるいはそれらの関係について考えてみよう。

最もシンプルに言えば、出生率が人口置換水準*（国によって異なるが、先進国では2・07くらいである）を下回る状態が続けば、人口構成は高齢化し、人口規模も長期的に縮小に向かうという関係がある。学術的な文脈で「少子化」と言う場合、このように出生率が人口置換水準を下回る状態を言うことが多い。

*人口置換水準とは、社会全体の人口を維持するだけの出生率の水準のことである。先進国では、たいてい合計特殊出生率が2を少し上回る程度の水準である。

この観点から言えば、ほとんどの先進国は「少子化」の状態にある。というのは、1カ国を除いてOECD（経済協力開発機構）加盟国の出生率は人口置換水準を下回っているからである。図表1-1を見てほしい。縦軸が合計特殊出生率、横軸が人口規模である。2021年時点で出生率が2を上回っているのはイスラエルのみだ。

また、加盟国で日本より人口が多いのはアメリカとメキシコのみで、残りは日本よりも人口がかなり少ないが、出生率は日本より上の国が多い。

このグラフを見て、「日本はまだまだほとんどの経済先進国より人口が多いから、もっと人口が減っても大丈夫だ」「狭い国土なのだから、人口はもっと少なくてよい」と考える人

図表1-1　OECD加盟国の人口規模と合計特殊出生率

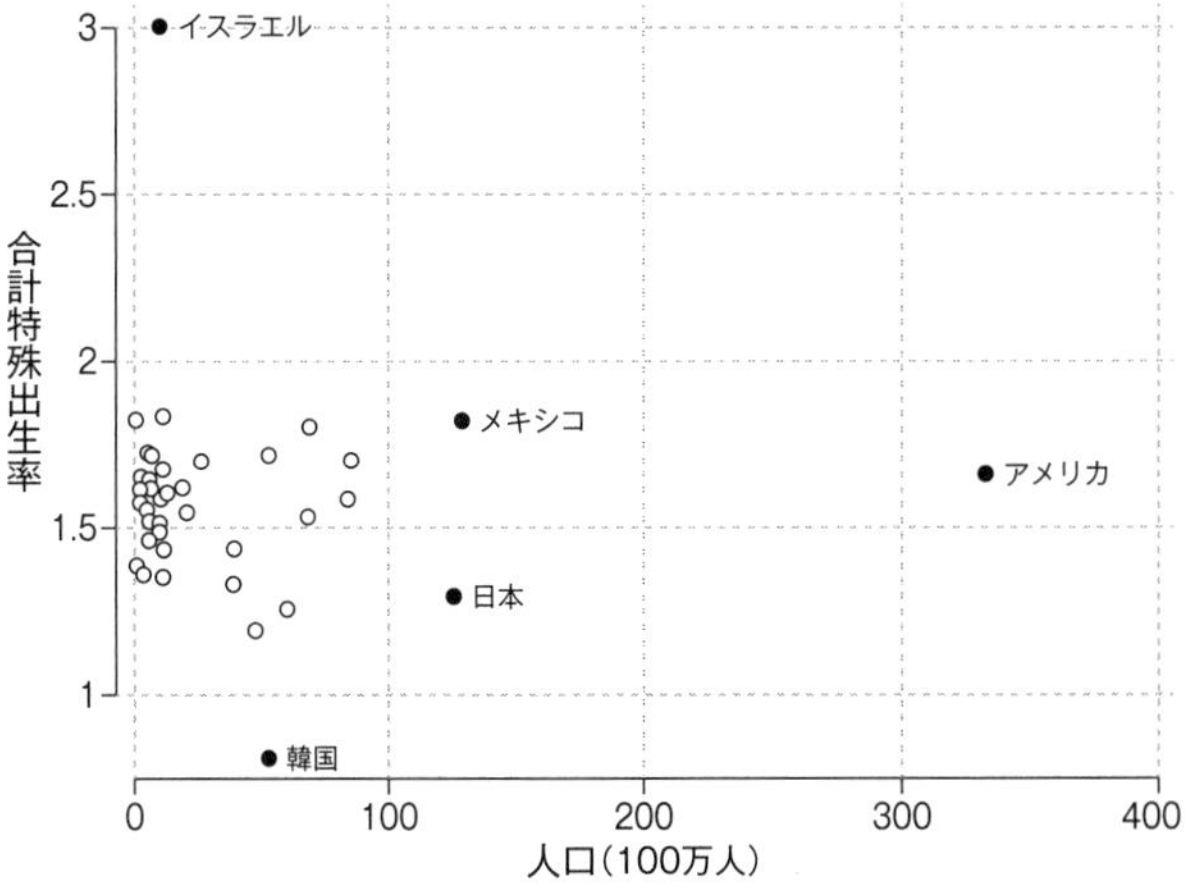

出所：OECD.Stat (2023)。数値は 2021 年のもの。

もいるかもしれない。ただ、少なくとも専門家のあいだでそのように考えている人はそれほどいない。というのは、少子化で最も懸念されているのは人口規模ではなく人口構成（年齢構造）であるからだ。極端な話、たとえ日本の人口が10億人であっても、少子化のために人口構成が歪《ゆが》むことは避けるべきだと考える人が多いはずだ。なぜなら、人口構成が歪むと――つまり急激な出生率低下によって高齢化率が高くなると――高齢者を支えるための政府の社会保障支出が増え、経済成長にもマイナスの圧力がかかるからである。

少なくとも社会保障制度の維持可能性を考える際には、気にすべき数字はある国における人口構成の高齢者への偏りが大きいか小さ

図表1-2　高齢化率と合計特殊出生率

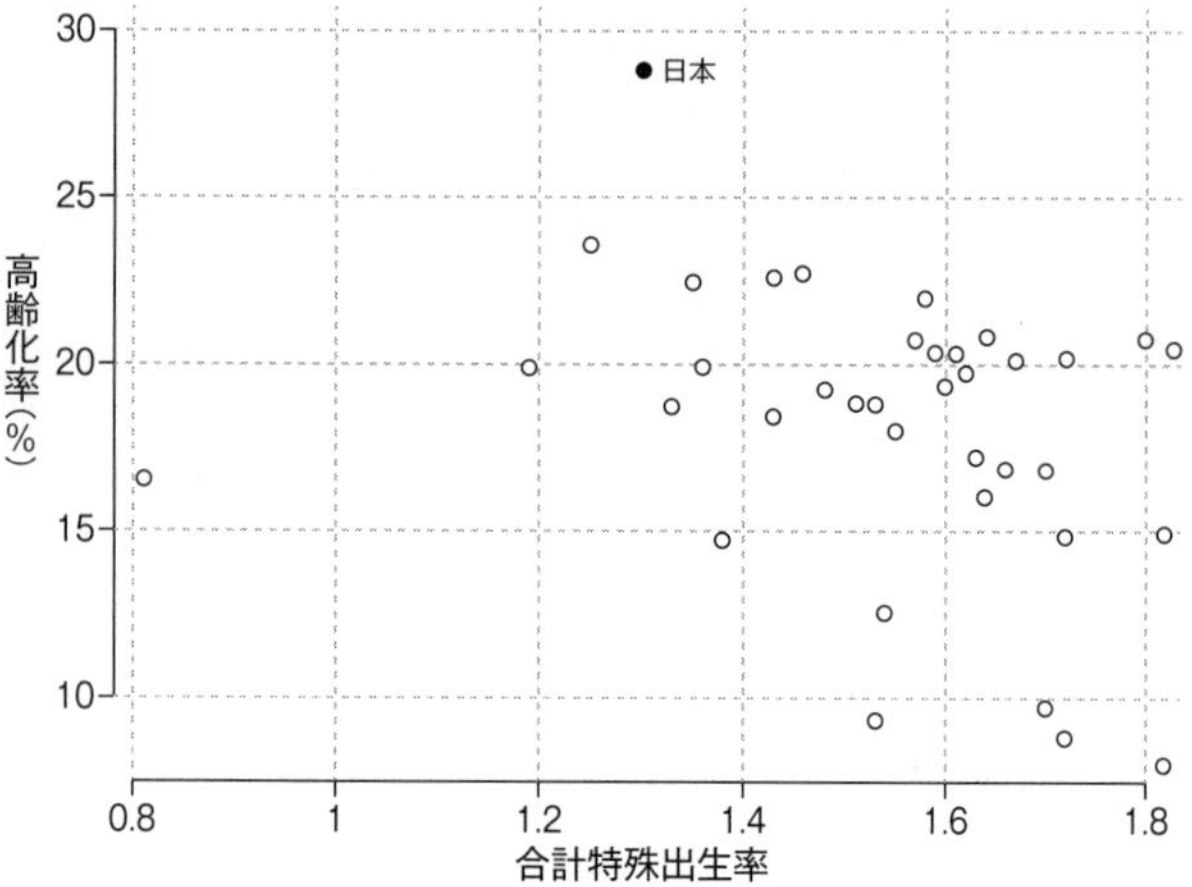

出所：OECD.Stat (2023)。数値は 2021 年のもの。

いか、つまり高齢化率であって、人口規模が大きいか小さいかではない。参考までに、図表1-2はOECD加盟国の合計特殊出生率と高齢化率（65歳以上人口割合）を示したものである。* 日本は高齢人口割合が突出して高い。日本は持続的かつかなりの程度の少子化のせいで、相対的に子ども、あるいは「現役世代」の人口が少ない状態になっている。他方で、図表1-1を見てもわかるように、人口規模はOECD加盟国の中では大きいほうだ。ここで、「日本は人口規模が他国に比べてまだまだ大きいから、社会保障の維持可能性の問題は小さい」と考える人はいない。人口規模が小さかろうが大きかろうが、高齢化率が極端に高ければ年金や医療のコストが高くなり、社会保障を維持することは難しくなる。

＊高齢化率は、65歳以上が全人口に占める割合である。図表1-2からは、合計特殊出生率が極端に高いイスラエルを除いてある。参考までにイスラエルの合計特殊出生率は3・0、高齢化率は12・2％である。

たとえばドイツ（2021年で人口8320万人）やフランス（2021年で人口6775万人）は日本より人口規模がかなり小さいとはいえ、そのこと自体を問題とすることは現在ではあまりない。平成30年版の総務省『情報通信白書』「第1部　特集　人口減少時代のICTによる持続的成長」には、「人口が減少する中で、経済社会水準の維持を図るには、限られた労働力でより多くの付加価値を生み出し、一人あたりの所得水準を高めることが必要となる」と書かれている。日本より人口が少ないドイツやフランスは、少なくとも所得からすれば日本よりも高い水準である。しかしフランスやドイツの人々は、日本より人口が少ないことを問題にしているわけではない。気にしているのは、現役世代が支える高齢人口が過度に多くならないか、一人あたりの経済的豊かさが維持できるかどうか、といったことであろう。

人口は、緩やかに減っていく場合には、人口構成の歪みがそれほどない状態で進むため、少なくとも社会保障制度の維持可能性という点ではまだ問題が小さい。政策的に対応する余裕もある。深刻なのは、速いペースで減ってしまうケースだ。この場合、少ない働き手で高齢者を支えるという困難な課題が降りかかり、かつ政策対応が間に合わない。

もちろん、人口規模が常に問題にならないというわけではない。少子化は、急激に進めば人口構成の高齢化をもたらすが、中長期的には人口規模の減少をもたらす。これは将来的な課題を私たちにつきつけるし、過去にも人口規模が国として問題とされたことは多い。

第4章でまた触れるが、フランスが現在の手厚い公的家族支援をするようになったきっかけの一つは、隣国ドイツ（その前のプロイセンを含めて）に比べて青年人口が少なく、兵力で不利であるという安全保障上の危機感があったからだ。現在では、国の人口を安全保障の問題だと捉える見方が全く無効になったわけではないだろうが、少なくとも日本の安全保障の議論で人口が話題に上ることは少ない。どちらかといえば軍備や軍事同盟のあり方のほうが論点になる。ただ、もっと人口が少なくなれば、安全保障上で気にすべき点が増えていくことには違いはない。

概して全体の量（規模）と質（構成）との関係は、単純に理解すべきではない。全体量が問題になることもあるし、質が問題になることもある。肝心なのは、これらを一緒くたにして曖昧にしないことだ。

少子化とは次元が違うが、例を示して説明しよう。大学では、学生の質あるいは構成の参考指標として、しばしば高難易度の資格（国家公務員Ⅰ種試験や司法試験）の合格率（学生の質あるいは構成）が話題になる。ある大学からの受験者が２人で、そのうち１人が合格すれば合格率は50％である。別の大学の受験者が50人で、合格者が10人だとすれば合格率は20％である。合格率は前者の大学のほうが高いが、合格者数は後者の大学が前者の10倍である。

どちらの大学のほうが「上」なのかは、比較する基準や文脈による。合格者数で比べると、必ず「合格率のほうが大事だ」と言いたくなる人が出てくる。ただ、考えようによっては合格者の絶対数が多いほうが優れているという見方もできる。というのは、絶対数が多い大学は、（それが望ましいかどうかは別として）受験者を絞り込めば合格者数を保ったまま合格率を上げることができるが、絶対数が少ない大学で合格者数を増やすことはより難しいだろうからだ。

この話は人口問題とは別次元の議論だが、人口に関連した数字を見る場合も、その見方には十分考慮すべき点があるということは指摘しておきたい。率（構成）が意味を持つこともあれば、絶対数（規模）が意味を持つこともある。いかなる場合にもどちらかのほうが優れた指標だ、ということは決してない。

国の人口と経済の規模

かつてのフランスのように、安全保障の文脈では、場合によっては人口規模が意味を持つことがある。現代でもそうだ。次のＣＮＮの記事は、「台湾の国防計画に空いた穴が拡大の一途をたどっている」というテーマだが、その理由の一つは少子化にあると指摘している。

台湾の出生率は０・98で、安定した人口の維持に必要な２・１をはるかに下回る。ただ、これは東アジアでは例外的な数字ではない。22年11月には韓国で出生率が０・79に低下し、自国の持つ世界ワースト記録を更新。日本の出生率も１・３、中国本土でも１・15に落ち込んだ。それでも専門家らは、台湾の規模と直面する脅威の数々を考慮すれば、出生率低下は台湾軍に固有の問題を突きつけているとの見方を示す。

（ＣＮＮ「少子化に直面する台湾軍、中国の脅威増大でも兵役対象者は減少」２０２２年12月27日）

https://www.cnn.co.jp/world/35197880.html

この記事では、少子化によって特に現役層の人口規模が減っていくことが安全保障上の問題だとされている。たとえ高齢化率が高くても、他国の軍事力との兼ね合いで現役層の人口規模がそれなりに多ければ問題は緩和されるわけだから、ここでは構成ではなく規模が問題なのである。たとえば高齢化率が20％で20代男性人口が１００万人いる状態は、高齢化率が10％でも20代男性人口が50万人しかいない状態よりも、安全保障上は望ましいと言える。

もちろん出生率を上げても、兵役の担い手としてあてにできるようになるまでは十数年の時間がかかる。実際には、短期・中期の優先課題は軍備の見直し、同盟関係の構築を含む国際関係の再構築などになるだろう。

ただ、不足する労働力を補うために有期滞在する外国人労働者を、安全保障のためにあてにすることは難しい。そういう意味では、長期的には自国出身の人口規模を増やすことが目指される。いずれにしろ、このように考えていくことで、少子化問題とその他の問題――ここでは安全保障問題――との関係をバランスよく理解することができる。安全保障においては人口規模が重要なので、少子化問題は「即効性はないが重要な長期課題」として位置づけることができる。

安全保障以外に全体規模が意味を持ちやすい論点としては、経済力がある。つまり、一人あたりの所得水準（質）ではなく国全体の経済力の強さ（規模）がそれなりに意味を持つ文脈がある。国全体の経済力は、国際社会における交渉力や存在感につながるからである。

たとえば中国は、平均的な所得水準は決して高くなく、一人あたりGDP（国内総生産、名目値）では日本や韓国、そして台湾の半分にも満たない。しかし人口規模が大きいため、国全体のGDPは世界2位で、そのために中国の国際社会におけるプレゼンスは非常に大きい。

全体の経済規模についてもう一つ忘れてはならないことは、内需の大きさには経済がグローバル化によって被るインパクトをそれなりに緩和する効果があるということだ。日本と韓国はしばしば類似している社会として比較されることがあるが、大きな違いは国の規模にある。両国は一人あたりのGDPではほぼ肩を並べているが（2022年では韓国が上回る）、韓国は人口もGDPも日本の4割ほどだ。

国の規模は、小さいほど経済の貿易依存度が高まる傾向がある。国内で生産できる財の種類が限られてくるために輸入依存度が高くなるし、また、たくさん稼ごうと思えば市場規模の小さな国内ではなく国外に目を向けるしかなく、輸出依存度が高くなるからだ。

世界銀行のデータでは、韓国の貿易依存度は97％（２０２２年）、日本は37％（２０２１年）である。日本はしばしば「貿易立国」だと言われてきたが、現在では内需は決して小さくない。韓国は国内市場規模が相対的に小さく、貿易依存度が高いため、世界経済が不調になるとその影響をじかに受けてしまう。

それが最も深刻なかたちで現れたのが１９９７年の通貨危機である。韓国政府はＩＭＦ（国際通貨基金）に支援を要請し、合意事項として大幅な経済改革を求められるようになる。具体的には、派遣労働の解禁、解雇規制緩和、より競争的な市場への改革が進められるようになった。

概してグローバルな市場に参画する度合いが強いと、働き方や教育は競争的な環境になりやすい。韓国やシンガポールはそのわかりやすい例だ。激しい受験競争、就職の際に求められる高い語学力などは、日本でもよく知られている。

グローバル市場への依存が競争的環境を生み出すことは、サムスンなどの大企業のみならず、エンターテインメント業界の違いにも鮮明に現れている。日本のアイドル業界とは違いＫ‐ＰＯＰでは最初から世界を見据えた売り方をすることが多い。国内の市場規模が小さく、利益をあげようと思えば自ずと世界を相手にせざるを得ないからである。このため事務所は所属タレントに対して、歌やダンスの高いスキルはもちろん、語学力をも身につけさせる。国内市場だけならば、日本のように事務所のコネクションや市場支配力だけでもある程度稼ぐことができるかもしれないが、国外となるとそうもいかず、実力本位が求められる。つまり厳しい競争を強いられる。

このことは他の業界でも同じだ。そして厳しい競争はときに人々の生活から余裕を奪い、出生率の低下にも結びついている。私が指導してきた学生の中にも韓国からの留学生はいるが、「日本の大学生は楽そうで羨ましい」「就職も比較的容易だ」と感じることが多いようだ*。

*ただ、韓国の若年失業率はたしかに日本よりも高いが、他のOECD加盟国の水準よりは低い。ただし、失業率だけでは生活の厳しさはわからない。ヨーロッパでは国の失業保障などが比較的手厚いことが失業率を押し上げ、他方で韓国では非正規雇用や自営業といった選択肢が見かけ上、失業率を引き下げているという側面もある。

さて、人口規模と、それに連動する経済規模の話をしてきたが、これらと少子化の問題は、必ずしも直接に結びついているわけではないことに注意してほしい。その関連の仕方は、意外に複雑なのだ。

韓国やシンガポールの競争的な環境は、たしかに国内市場の規模の小ささによるところが大きい。しかし、それは少子化の結果というよりは、むしろ少子化に影響する要因だと考えたほうがよい。シンガポールの出生率がたとえ高くても、国内市場が相対的に小さいことに変わりはない。競争的環境からくる諸問題を緩和する際の最優先の課題はむしろグローバル化のインパクトをいかに和らげるかであって、出生率の改善はその手段というよりは（競争的環境が緩和されれば実現しうる）目的の一つに位置づけられる。

ここまでほんの少し論じてきただけでも、「少子化問題はその他のさまざまな要素とさまざまな仕方で絡み合っている」ことが理解できただろう。同時に、少子化とそれに関連する数字の意味も、社会（国際社会含む）のバランスのよい見方からしか適切に理解されないものだ。「わかりやすく理解したい」というニーズがあるのはたしかだが、度を越して単純化しても、インパクトはあるが結局何の役にも立たない知識を広げるだけになる。複雑な問題に対応するには、それなりに複雑な理解を引き受ける覚悟も必要である。

数字を比較することの注意点

社会の理解や政策については、最近では「エビデンス・ベース」が求められるようになっている。この場合のエビデンスとは、要するに数量データである。ただ、数字は意外に扱いが難しいものだ。* 数字についても、バランスのよい扱いが求められることを強調しておきたい。

*数字の見方において気をつけるべきことについては、筒井淳也（2023）『数字のセンスを磨く：データの読み方・活かし方』（光文社新書）に詳しい。

たとえば比較の単位の問題がある。単位の取り方や区切りの仕方によって、数字はさまざまな姿を見せる。さきほど、一人あたりのGDPでは日本と韓国は同レベルだが、国全体のGDPではかなりの差があることを述べた。読者のみなさんなら、一人あたりの豊かさが大きいが人口規模が小さい国と、その逆に一人あたりの豊かさは小さめだが人口規模が大きい国のどちらのほうに住みたいかと問われれば、どちらを選ぶだろうか。おそらくだが、他の条件が同じならば、多くの人は前者であると答えるのではないだろうか。

北欧諸国の人口は、スウェーデンで約1000万人、ノルウェー、デンマーク、フィンランドは500万人台である。いずれも日本の10分の1以下だ。しかし一人あたりのGDPでは、日本は北欧4カ国に遠く及ばない（図表1-3）。

図表1-3　いくつかの国のGDPと人口

	GDP（100万ドル）	1人あたりGDP（ドル）	人口（100万人）
アメリカ	25,462,700	76,360	333.3
日本	5,702,287	45,638	124.9
韓国	2,585,011	49,895	51.6
スウェーデン	683,297	65,157	10.5
ノルウェー	627,185	114,932	5.5
デンマーク	442,120	74,859	5.9
フィンランド	330,428	59,463	5.6

出所：OECD.Stat (2023)。数値は2022年のもの。

では、区切りを変えてみるとどうだろうか。

日本には２０２２年時点で６００万人以上の住民を抱える都道府県が６個ある。そのうち上位三つの東京都、神奈川県、大阪府の人口を合わせれば３２１２万人になり、これだけを切り取ってみれば、北欧４カ国の人口をゆうに上回る。

さらに、東京都の２０１９年度の一人あたり県民所得は約５７６万円（当時１ドル＝１１０円程度であったので、６万４０００ドルほど）であり、日本全体の水準と比べてかなり高いし、北欧諸国と比べても遜色がない。人口も１４００万人（２０２３年）と、北欧諸国のどの国よりも多い。シンガポールの一人あたりGDPは約7万3000ドルと日本の1・8倍以上だが、これはシンガポールが都市型国家であり、利益率の高い業界の企業や働き手が多い、という理由もある。東京は、所得の面でシンガポールにそれほど劣るものではない。

しかし、比較の際に以上のような単位あるいは区切りを用いることはあまりない。これはなぜだろうか。

すでに述べたように、数字というのは何をどう比べるかによって意味（見方、解釈）が変わるものだ。国全体の人口や豊かさが意味を持つ文脈もあるし、国ではなく地域単位の数値が意味を持つこともあるだろう。一人あたりの所得水準において日本が北欧諸国の後塵《こうじん》を拝するようになったという事実に対して、「東京だけ取り出してみれば遜色がないし、北欧の国々に匹敵する経済水準は日本の一部分で実現できている」というデータを提示してみることも、文脈によっては意味を持つ。

ただ、社会保障制度の維持可能性という文脈では、国の一部分だけを取り出してみるということはできない。理由は単純で、社会保障制度の多くが国単位で運営されているからである。税負担や給付金の水準が地域ごとに大きく異なるということはそれほどないし、税や社会保険を通じた所得再分配も国単位で行われる。したがって、この場合はやはり地域ごとではなく国全体の人口構成や経済水準を見ることが必要になる。

もちろん、同じ国の地域ごとの人口構成の違いを見ることに意味があるケースもある。たとえば医療従事者やケアワーカーの不足の問題である。お金に関しては国内部の移転（所得再分配）の仕組みがある程度整備されているが、働き手となるとそうもいかないからである。

国内の地域的不均衡

人口減少といえば、過疎の問題に思い当たる人も多いだろう。２０１４年、日本創成会議の人口減少問題検討分科会が発表したレポートにおいて使われた「消滅可能性都市」という言葉のインパクトはかなり大きかった。これは２０１０年の国勢調査による試算で、２０４０年までに20〜39歳の女性の人口が半減する市区町村を指している。

ただ、過疎化と国の少子化や人口減少の関係は、必ずしも直接的なものではない。総務省の資料（「過疎対策の経緯・沿革」）によれば、１９６７年（昭和42年）の経済社会発展計画にすでに過疎という言葉が用いられている。

〜〜〜

40年代【注：昭和40年代】においては、生活水準、教育水準の向上や産業構造の高度化に伴って、人口の都市集中はいっそうの進展を見せるとともに、他方、農山漁村においては、人口流出が進行し、地域によっては地域社会の基礎的生活条件の確保にも支障をきたすような、いわゆる過疎現象が問題となろう。

（「経済社会発展計画」）

この時期から過疎化という言葉が徐々に行政やメディアで使われるようになった。[*] 1970年には、早くも過疎地域対策緊急措置法が成立している。

＊『日本の過疎地帯』（1968年、岩波新書）の編著者、今井幸彦によれば、1966年の経済審議会（地域部会）の中間報告に過疎という言葉が登場する。米山俊直の『過疎社会』（1969年、NHKブックス）にも同様の記述がある。

ただ、この時期の出生率はまだ人口置換水準を上回る状態が続いており、少子化は全くと言っていいほど問題とされていなかった。過疎は、少子化が問題とされる1990年代より20年以上前から問題とされていたのである。

過疎という言葉が行政文書に現れ始めた1960年代後半といえば、都市部を中心に人口増加の問題が鋭く意識されていた時期である。地方から都市部への人口流入の対策として、各地で団地やニュータウンの開発がさかんになされていた。東京の多摩ニュータウンの最初の入居は１９７１年だった。１９７２年には田中角栄が『日本列島改造論』の中で「国土の均衡ある発展」を訴えかけ、同書はベストセラーになった。概して過疎化の問題は地域間の不均衡の問題であって、少子化の問題、あるいは人口規模の問題であるとは認識されていなかった。

ただ、１９７０年代後半以降は出生率の低下が始まり、１９９０年代にはそれが社会的に広く認識されるようになった。現在では、地域の人口減少の問題は少子化問題と絡めて理解されるようになっている。というのは、都市部ほどではないが非都市部でも出生率が人口置換水準を下回るようになったからだ。地域の人口減少は、最初はもっぱら都市部への人口流出の問題として、今ではそれに加えて出生率の低下の問題として理解されるようになった。

このように少子化と地域の人口減少問題は、単純ではないかたちで結びついている。したがって非都市部の自治体で少子化問題を論じる場合、その他の課題と合わせてバランスよく見ていく必要がある。

たとえば地域の人口は、政府の方針や産業構造に左右される。日本の地方で人口が減る大きな要因は、地域における雇用の少なさである。第3章で見ていくように、非都市部地域でも工業地帯などで雇用があれば人口は維持できることが多い。しかし国全体でサービス産業化が進む中、若い女性が都市部に移住する動きを止められていないのが現状である。過疎化が進むと行政サービスの低下や商業施設の減少も進む。住宅価格や生活費は安価であろうが、都市的なライフスタイルを望む若い人を引き止めるよい材料が減ってしまう。

出生数も人口も減ることはほぼ確定

以上、少子化に関連する数字をどのように見ていくべきなのかを説明した。短く言えば、少子化に関連する数字のうちどれに注目すべきなのかは、「場合によって違う」ということだ。いくつかの論点を展開したので、ここで要点をまとめておこう。

出生率は、人口規模と人口構成のどちらにも影響する。急激な出生率の低下は人口構成に歪みをもたらすが、低下がゆっくりと進む場合には人口構成は大きく歪まない。

その上で、国の人口規模（人口減少）と人口構成のうち、どの場合にどの数字を見るべきなのかが決定的に重要である。社会保障の維持が目標なら、人口構成を優先的に見るべきだ。人口規模は、安全保障や国際的なプレゼンス、グローバル化の影響の直接性といった要素で違いをもたらすが、出生率の低下はこれらににわかに影響するというわけではない。地域の人口減少の問題にしても、雇用や経済開発の問題と絡めて考えないとバランスが悪くなる。少子化の緩和は万能薬ではない。

さて、人口構成と人口規模以外にも、少子化に関連する数値はいくつかある。出生数はその中でも重要である。

出生率と出生数の二つは密接に関連する数字だが、同じものではない。詳しくは第5章で説明するが、出生率を算定する際には、通常、ある年の15～49歳の女性の人口を分母にし、その年の出生数を分子にする。分母の数が同じである場合、当然だが出生率が高いほうが出生数が大きくなる。そして出生率が同じでも、分母の数が小さいと出生数は少なくなる。ちなみに現在の日本は、分母が減少し、かつ出生率も低下しているので、急激な出生数の減少が生じている。

出生率の計算では15～49歳の女性の人口を用いるが、実際には出産の多くは女性が20代か、30代前半（20～34歳）のあいだで生じる。この年齢帯の女性人口と出生数の推移を示したのが図表1-4である。女性人口は1920年代から1970年代まで一貫して上昇してきた。これに対して出生数は戦後すぐのベビーブーム（1947～49年）が終わったあとは

図表1-4　20～34歳女性人口と出生数の推移

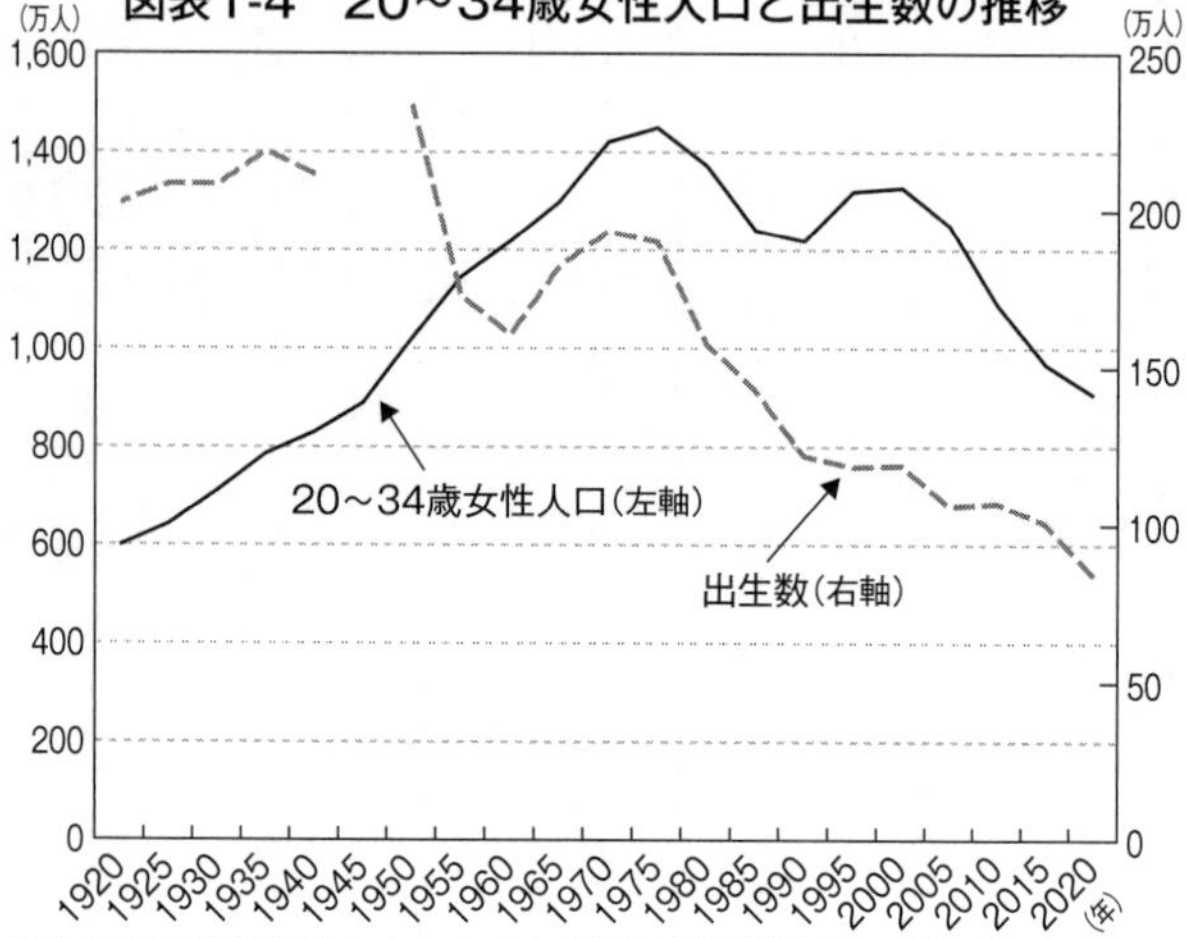

出所：人口は総務省「統計ダッシュボード」、出生数は厚生労働省「人口動態統計」。

急激に低下する。この低下の詳細は次の章で論じる。ベビーブーム後、出生率は人口置換水準付近で落ち着く。そのため、１９５０年代から１９７５年くらいまでは右記年齢帯の女性人口と出生数はほぼ連動していた。

問題はそれ以降である。１９７０年代後半から１９９０年代前半までは、20～34歳の女性の数が減っていった時期だが、出生率も低下したため、この減少以上に出生数が減少していった。さらに、１９９０年代後半からはいわゆる団塊ジュニア（およそ１９７０年代前半生まれ）のおかげで20代および30代前半の女性人口が増えたのに、出生数は上がらなかった。団塊ジュニア世代の女性の出生率が低かったからである。

こうして女性の人口が減っていくと、今度は出生率が上がったとしても出生数がそれほど増えない状況になる。これが現状の日本である。1970年代前半には190万人を超える出生数があったが、2020年には84万人と半分以下になった。単純に計算して出生率が2倍以上にならないと、かつての出生数の水準には回復しない。

要するに、少子化対策の目的は、出生数・出生率をかつての水準に戻すことではない。では、少子化対策の意味はどこにあるのだろうか。

どういう社会をつくりたいのか

岸田文雄政権の「異次元の少子化対策」が話題になっていたころ、関西のテレビ局の情報番組に出演して解説したことがある。そのとき、スタジオにレギュラー出演していた「ロザン」（菅《すが》広文さんと宇治原史規《ふみのり》さん）の二人から質問をいただいた。「結局は、我々がどういう国をつくりたいのかの話になるのではないか、それに応じて必要な対策も違ってくるのでは」といった趣旨だった。

これはまさにそのとおりである。夕方の情報番組でこの水準の質問をもらうことを想定していなかったので若干驚いたが、重要な論点だ。少子化問題において「何を目指すのか」に応じて、当然ながら見ていくべきデータや注力すべき政策は違ってくる。政策では影響を及ぼしにくい出生率ではなく、少子化を前提とし、その影響を和らげることを優先すべきだ、という見方も十分可能であるし、私自身の立場もこちらに近い。

たとえば「社会保障制度の維持」が問題であるのなら、優先順位のトップは明らかに出生率向上ではない。もちろん出生率・数が上がるに越したことはないが、その効果が出るには、生まれてきた子どもたちが税・社会保険料をたくさん納めてくれるまでのタイムラグ——短くて20年、長くて40年ほどだろう——がある。ということは、先に（あるいは同時に）それ以外の対策を考えなくてはならない。経済成長による税収の増加、高齢者向けの医療やケアの効率化、予防医学による高齢者医療コストの圧縮などである。しかし、なぜかこれらの問題が「少子化対策」として論じられることは少ない。

また、社会保障の財源の問題に対応しても、労働の担い手不足はしばしば解決しないことがある。過疎地の行政・ケアサービスをどうするか、外国人労働力・人材をいかに安定して獲得するか、といった問題への対応が、本来は少子化対策の焦点になる。

このように書いていくと、「あれ、子育て支援はどうなのか」と感じられるかもしれない。もちろん子育て支援は重要な少子化対策の一つである。しかし、以下の二つの理由からこれは最優先の政策とは言えない。

一つには、すでに述べたように出生率の上昇が目に見える効果として現れるには相当な時間がかかるということである。次に、子育て支援の効力そのものの問題である。このことは次の章で説明する。

「どういう国をつくりたいのか」という問いに戻ろう。

残念ながら、人口規模の維持はほぼ不可能で、児童手当を大幅に増額するなどして無理やりに出生数を増やすことができたとしても、無視できない副作用が生じ、場合によっては国民一人ひとりの生活の質を落としかねない。多くの研究者が現実的な落とし所として想定するのは、出生率の低下をできる限り押しとどめつつ、人口規模の歪みを可能な限り小さくすることくらいだが、同時に、不足が予想されている特定のタイプの労働力を補うことも検討しなければならない。具体的には、インフラの整備にも関わる建設現場、農業、そしてケア労働である。すでにこれらの分野には外国人労働者が入っている。特に一部の建設や農業の現場は、外国人労働者抜きでは成立しない状態になっている。

日本政府は、経済界、農業生産者の強い希望もあり、外国人が日本国内で働く門戸を徐々に広げてきた。地域によっては、たくさんの外国人が定住している場所もある。愛知県東部

（豊田《とよた》市など）が典型的で、すでに地区の学校には数多くの外国人が在籍し、教員は言語の問題をどうクリアするのかなど、多くの課題を抱えている。

こういった問題も、本来ならば「少子化社会対策」の一環として活発に議論すべきことだろう。しかし現状では、政治の場で議論されていること、メディアで報道されることは「子育て支援とその財源」の話ばかりである。政治家は、何のために何をしているのか、専門家からすればよくわからなくなることがある。この問題は第5章で再び触れる。

研究者は、問題を整理したり、特定の目的のためにはどういう手段が有効なのかについての検討を行うことはできる。しかし、目標を設定するのはつまるところ国民自身である。出生率を上げることは、少子化対策の最優先課題であるとは限らない。しかも、その出生率についても適正な理解が共有されている状況とは言えない。

要するに、少子化問題については、議論が十分に成熟していないのだ。どういう目的のためには何を優先して行うべきか、どういう政策にはどういう副作用があって、そのうち何を私たちが生活の場で引き受けなければならないのかといったことに関する適切な理解と議論を、政治、メディア、そして国民のあいだに広げていくことが重要である。

ただし、政治・行政にしろ研究にしろメディアの報道にしろ、トピックとして取り上げたり議論を深めたりするための機会、時間が無限に与えられているわけではない。「少子化問題といえば出生率の向上、そして子育て支援だ、そのための財源確保だ」という認識は、希少なリソースのバランスの悪い配分につながりかねないことに注意すべきだろう。

第2章

何が出生率の低下をもたらしたのか

戦後の出生率の推移を詳しく見てみる

第１章で見てきたように、少子化についての論点は、私たちが「出生率低下」「子育て支援」という言葉から連想する状況よりも、ずっと複雑で広がりがある。つまり少子化問題は、その他のさまざまな社会の変化と絡み合っている。この点を理解しないと、少子化対策において何のために何をしているのかがわからなくなる。この混乱が政治に持ち込まれれば、それこそ大事な税金の無駄遣いになりかねない。

ただそうは言っても、やはり少子化問題の核となるのは出生率と出生数の減少であろう。少子化問題の多面性、あるいは出生という現象が持つ「広がり」を意識しながら、あらためておなじみのグラフを見ていこう。

戦後、１９４７年から１９４９年にかけてベビーブームがあった。この３年間で生まれた人たちを後に「団塊の世代」と呼ぶようになった。ベビーブーム期には３年間とも毎年２５０万人を超える出生があった。これは２０２２年の出生数77万７５９人*の３倍を軽く超える数である。合計特殊出生率も４を超える非常に高い水準であった。この世代は２０２３年時点で75歳前後に達しており、これからの社会保障にかかる費用を押し上げていく世代であ

図表2-1　出生率と出生数の推移

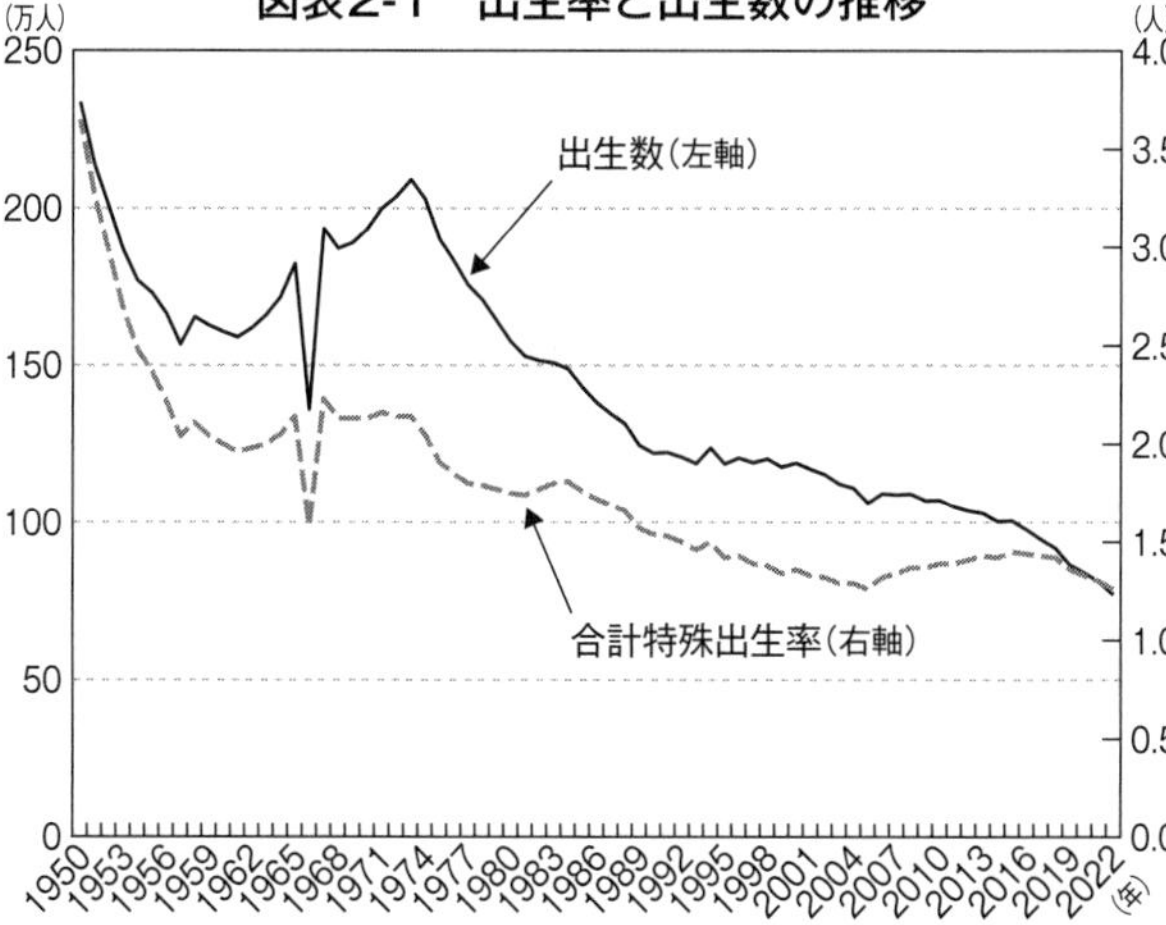

出所：厚生労働省「人口動態統計」より筆者作成。

る。また、この世代に大きな人口規模が存在したことが、第４章に見るように日本の国をかたちづくる大きな要因となった。

＊厚生労働省「令和４年（２０２２）人口動態統計（確定数）」より。

ベビーブームの直後から、出生率・出生数は急激に下がり始める。ただし、この低下は、１９７０年代後半から現在に続く少子化とは全く異なるものだ。第一に、低下といっても人口置換水準への低下であって、それを割り込む状態——狭義の少子化——への変化ではなかった。

第２に、出生率低下の原因が異なる。１９５０年から数年間続いた低下は、人工妊娠中絶の「合法化」によるところが大きい。それまでは人工妊娠中絶は厳しく取り締まられていた。１９４０年、政府は「国民優生法」を制定し、優生目的の避妊を認可する一方、人工妊娠中絶を厳しく規制した。「人口政策確立要綱」が閣議決定され、第２次近衛文麿《ふみまろ》内閣の基本政策として、軍国主義的な人口政策が展開された時期である。

人工妊娠中絶の規制が緩和されたのは、１９４８年の「優生保護法」においてである。その背景にあったのも、やはり戦争だった。きっかけとなったのは「引揚《ひきあ》げ」だ。戦時中、満州（中国東北部）などの植民地に入植していた人々は、敗戦を機に続々と日本本土に戻っていく。数百万人が海を越えて、引揚げ港である博多（福岡県）や舞鶴（京都府）に到着した。*そこで問題になったのが、引揚げしてきた女性の性感染症や意図しない妊娠への対応である。主に現地で旧ソ連兵から暴行されたことに起因する問題である。

*昭和22年（１９４７年）の臨時国勢調査では、「海外から日本への引揚者」は３１５万人、「日本から海外への引揚者」は22万人だとされている。もちろん引揚げはそれ以降も継続したが、これほど大規模かつ短期間での海を越えた人口移動は、日本の歴史上例がない。

当時の様子について書かれた文章を、少し長いが引用しよう。

敗戦により難民となった海外在住者は660万人。全国18の引き揚げ港は、一路故国を目指して降り立った人の群れであふれた。中でも大陸に近い博多港は、全国有数の引き揚げ港となった。厚生省博多引揚援護局の資料では、博多港に帰って来た人は139万2千人。一方、朝鮮半島や中国大陸などへ帰る人たちも50万5千人おり、合わせて200万人で博多港はごった返した。

そこで目立ったのが、顔を黒く塗りたくって男装しながらも、腹が膨らみ、妊娠したと思われる女性たちの姿だった。性病感染も多数いた。こうした中で、博多港上陸を目前にした少女が飛び込み自殺をして衝撃を与えた。

ソウルの旧京城帝国大学では、この状況をいち早くつかみ、医学部を中心に支援活動を展開していた。同大学医学部助教授だった田中正四医師は自身の引き揚げ後、博多港でかつての教え子の女性に偶然再会。しかし彼女も妊娠しており、中絶手術を受けたが、母子とも死亡したと伝わる。

（産経新聞ウェブ版「秘密の中絶施設、二日市保養所（福岡県筑紫野市）」２０２０年8月12日）

戦争はいつもこういった悲惨な、しかし見えにくい状況を副次的に生み出すものだ。そして戦争は、出生と出生に関する政策に大きく影響する。引揚げ女性の中絶問題のほか、戦後の過剰人口への問題意識もあり、1948年には母体保護の目的での中絶が合法化され、引揚げ女性の中絶手術を行った医師の立場も守られることになった。1949年には経済的理由での中絶も合法化され、刑法の堕胎罪は空文化することになった。こうしてベビーブームは終わりに向かうことになった。*

*日本における人工妊娠中絶の合法化は、欧米先進国（1970年代が多かった）と比べてもタイミングが早かった。欧米では避妊や中絶を嫌うキリスト教的価値観といった宗教的要因が人工妊娠中絶の自由化を阻んだが、日本においては戦争が規制緩和に影響したと言える。

出生数や出生率は、数字だけ見ると「増えたり減ったり」していることしかわからないが、その背後には恐ろしく広がりのある出来事や社会変化が結びついていることがわかる。

その後、1950年代後半から1970年代半ばまでは、出生率は（ひのえうまの1966年を除くと）2前後で安定していた。出生率と比べれば出生数には比較的目立つ変化があり、1973年が209万人でピークになっている。これは前章の図表1-4のグラフで見たように、主に出産可能年齢にある女性の数の違いによるものだ。

１９７１～74年は出生数が年間２００万人を超えている。これは戦後のベビーブーム世代（団塊の世代）の子ども世代——団塊ジュニア世代——が出産した時期である。この世代の20～34歳の女性人口は１４００万人を超えていた。２０２０年時点では約９０６万人で、そもそも「分母」の数が違いすぎる。もちろん出生率も以前のほうが高かったが、「分母」の大きさも決して無視できない。

現在に続く少子化は１９７０年代から

１９７０年代の半ば以降は、出生率も出生数も下落傾向が続く。これが現在に続く少子化の流れになる。１９８９年の出生率が１・57となり、ひのえうまの１９６６年の１・58を下回ったことが翌年に注目され、メディアもこのことを報じた。いわゆる「１・57ショック」である。

出生率は２００５年に１・26になりいったん底を打ち、そこから２０１５年（１・45）まで10年間ほど上昇基調であったが、２０１６年からは再び下がり始め、２０２０年には１・33、２０２１年には１・30、そして２０２２年には過去最低の１・26と、それ以降も下落傾向が続いている。２０２０～22年は新型コロナの影響で結婚や出産が下落の圧力を受けた可能性もあるが、コロナの影響がなかった２０１９年でも出生率１・36とすでにかなり下がっているため、今後も低下傾向が続く可能性はある。

細かい数字の変動はあるが、少し引いた目線で見てみると、日本の出生率は１９７０年代半ばから２０００～05年くらいまで約30年間かけて下がり続け、その後15年間ほどは１・35前後で推移していた。直近（足元）ではそこから再び下落が始まっているようにも見える。

ただ、出生率は経済成長率などと違い、足元の変化にとらわれすぎないことも重要である。というのは、全体の水準に影響を及ぼしている要因をまず理解することが重要だからだ。そこで、直近の変化を見る前に、約30年間の下落について注目してみよう。

合計特殊出生率は年ごとに計算されるが、出生動向についてもう少し詳しく見るために、出生年代（コーホート）ごとの出生率の数値を見てみよう。*

＊数値は出生年5年（5世代）分の平均の年齢階級別出生率を、年齢（5年）分だけ合計したものである。

表の数値を見てみよう。まずは一番左上の数値は０・02となっている。これは、１９５５

図表2-2　女性の出生コーホート別・年齢階級別出生率

	1955-59	1965-64	1965-69	1970-74	1975-79	1980-84	1985-89	1990-94
15-19歳	0.02	0.02	0.02	0.02	0.02	0.03	0.03	0.02
20-24歳	0.39	0.32	0.24	0.20	0.19	0.19	0.18	0.15
25-29歳	0.92	0.76	0.62	0.51	0.45	0.44	0.43	0.39
30-34歳	0.47	0.48	0.47	0.45	0.48	0.51	0.50	0.50
35-39歳	0.13	0.15	0.18	0.22	0.27	0.29	0.29	0.29
40-44歳	0.02	0.02	0.03	0.05	0.06	0.06	0.06	0.06
45-49歳	0.00	0.00	0.00	0.00	0.00	0.00	0.00	0.00
累　積	1.94	1.76	1.56	1.44	1.47	1.50	1.48	1.41

注：国立社会保障・人口問題研究所の「人口統計資料集」（女性の年齢〔各歳〕別出生率、1925～2015年）より算出。1970-74年出生コーホートにおける45-49歳の出生率などは、まだ観察されていない値もあるため、数値が各年代の早い世代を多めに反映している。

～59年生まれの女性が、15～19歳のときに平均して何人の子を産んだか、という数値を５年分合計したものである。０・02なので、およそ100人中２人が出産したことになる。

引き続き同じ年代の年齢階級別出生率を見てみると、最も高いのは20代後半の０・92である。この年代の20代後半というのは、およそ1985年前後、バブル景気の前くらいである。15～29歳までの累積出生率は１・33であり、この時期まだ多くの女性は20代の時点で子どもを１人以上もっていたのだ。

表の一番下の「累積」のところには、各年代の平均出生数の合計が記されている。最終的に1955～59年生まれの女性は平均しておよそ１・94人の子を産んだ。出生コーホート別の累積出生率は、次の年代（1960～64年生まれ）にはすでに1・76まで下がり、推計が可能な1970～74年生まれ（団塊ジュニア世代含む）には1・44まで下落した。

その次の年代（1975～79年生まれ）では、45～49歳の出生率がまだ観察されていないが、この年齢帯の出生率はほぼ0に近くなることが予想できる。それでも累積出生率は1・47であり、団塊ジュニア世代を含む前の世代を上回る。その次の年代（1980～84年生まれ）でも、団塊ジュニア世代の出生率を上回ることが予想される。

文字色がグレーのところの数字はまだ未定のため、観察できた前の年代の値をそのまま代入した。したがって累積出生率も仮の数字である。これを見ると、1980～84年生まれでは出生率が若干上昇し、それ以降は伸び悩むことが予想される。

以上のように出生年代の年齢階級別出生率を見てみると、この間、出生率が下がってきたことの実態がよくわかる。まず、20代の出生率の著しい低下が目立つ。最近の世代の20代出生率は、1955～59年生まれの半分以下にまで下がっている。バブル期くらいまでは、20代後半の女性は当たり前のように子どもが1～2人いたのだが、最近ではむしろ珍しくなった。

そのぶん、30代、特に30代後半の出生率は上昇傾向である。ただ、30代後半の出生率の上昇分では、20代の出生率の下落分をカバーできていない。減ってしまった20代の出生率を、増加している30代の出生率では代替できない。これが出生率低下の実態である。

直近の1990〜94年出生コーホートでは、やはり20代の出生率は下がっている。出生率が下落しないためには、30代の出生率が以前よりも高くなる必要がある。しかし30代後半では妊娠の確率も下がり、不妊治療と仕事の両立などの難しい課題をクリアする必要性が高くなる。そうでなければ、30代前半で集中して、ということになる。

晩婚化と未婚化

さて、以上のような出生率の変化のみを見ているだけでは見えてこない事実もある。それは、1970年代からの出生率低下の大きな部分は、結婚している人が子どもをもたなくなったことではなく、晩婚化・未婚化によってもたらされてきた、ということである。

このことは強調してもしすぎることはない。少子化に絡んでメディアの取材を受けたり、行政関係者と話をしたりしているときに感じるのが、出生率や出生数について考えるとき、どうも「結婚している夫婦」が出発点として想定されてしまっているのではないか、ということだ。だからこそ、少子化の課題といえばすぐに子育て支援の話になるし、政府の少子化対策についてメディアが報道する場合も、ほとんどは子育て中の夫婦（特に母親）の意見を集めようとする。中には、子どもが3人いて大変だ、という母親のところに取材に行くようなケースもある。

これは「子育ての大変さを和らげる」ための政策の取材ならば意味を持つだろうが、冷静に考えてみれば、子育て中の人たちは、すでに子どもをもっている（もつことができた）人たちである。多くの人の考え方のクセのようなものなのかもしれないが、少子化対策の文脈であるのなら、どちらかと言えばまだ子どもをもっていない独身の人の話を聞くべきだ、という発想にはなかなか至らないように思う。

実際に数字を見てみよう。ここでは、晩婚化とは結婚するタイミングが遅くなること、未婚化とは結婚しない人が増えてきたことを指す。この二つは、40代くらいまでは区別をすることが難しいが、50代になると特に女性は結婚確率が非常に低くなるので、未婚化の指標として、しばしば「50歳時未婚率」の数字が発表されている。* この数字は以前は「生涯未婚率」と呼ばれていた。

＊50歳時未婚率と言っても、計算方法は44～49歳の未婚率と50～54歳の未婚率の平均である。

最も新しい2020年の国勢調査（不詳補完結果）*の結果を見ると、日本在住の18歳以上の日本人1億529万8191人のうち、2835万3293人は未婚、すなわち一度も結婚していない人たちである。実に27・3%、4人に1人以上は未婚である。50歳（ほぼ1970年代生まれ）だと、男性で27・5%、女性で17・3%、男女計で23・3%の人は未婚であった。男性の数値はやはり4分の1を超えている。50歳を超えて結婚することは稀であるため、男性の4人に1人は一生独身のまま、という時代になったのだ。筆者もちょうど1970年代生まれだが、同年代の4人に1人が未婚のままだという実感はなかなか湧かない。だが、国勢調査の結果はそれが実態であることを示している。

*2015年国勢調査からは「不詳補完」という計算の手続きが開始されたため、複数の数値が算出されるようになった。具体的には、2020年では年齢、配偶関係、労働力状態といった項目9個について「あん分」という手続きによって結果が補正されている。右記の数値は、不詳補完済みの数値である。国勢調査における「不詳」とは、要するに世帯別の調査票の未提出分である。国勢調査では、調査員は世帯の調査票が回収できない場合、近隣世帯から聞き取りを行い、当該世帯の氏名、世帯人数、性別を埋め合わせることになっている。その後の追加調査によっても不明な情報（国籍含む）は、「不詳」のままとなる。

50歳時点の配偶状態の推移を見てみよう（図表2-3）。女性を見てみると、1960年くらいまでは離死別の割合が大きい。戦争や感染症などによって50歳時点で夫を亡くしている女性が多かったからである。離死別が減少すると有配偶者の割合が増えるが、2000年を超えたあたり（2000年時点で50歳なので、1950年代生まれ女性）からは未婚率が高くなる。

結婚と出産（子をもつこと）は強く結びついているので、未婚化はそのまま出生率の低下を意味する。では、晩婚化はどうだろうか。

図表2-4は、出生順位別に見た、母の平均出産年齢の推移である。ここ50年ほど、子が生まれる年齢は上がり続けてきた。これに対して出産間隔は若干短くなってきたことも示されている。つまり、以前ならば第1子は25歳前後、そこから2年以上を空けて第2子というパターンが多かったが、最近では第1子の出産が30歳を超えており、あまりあいだを空けずに第2子以降を出産する、というパターンに変わってきている。

少し話が変わるが、出生数と出産間隔は、女性のライフコースに大きく影響するということはもっと知られてよい。極端なケースだと、20歳で第1子を産み、その後3年間隔で第7

図表2-3　50歳時点の未婚・有配偶・離死別の割合

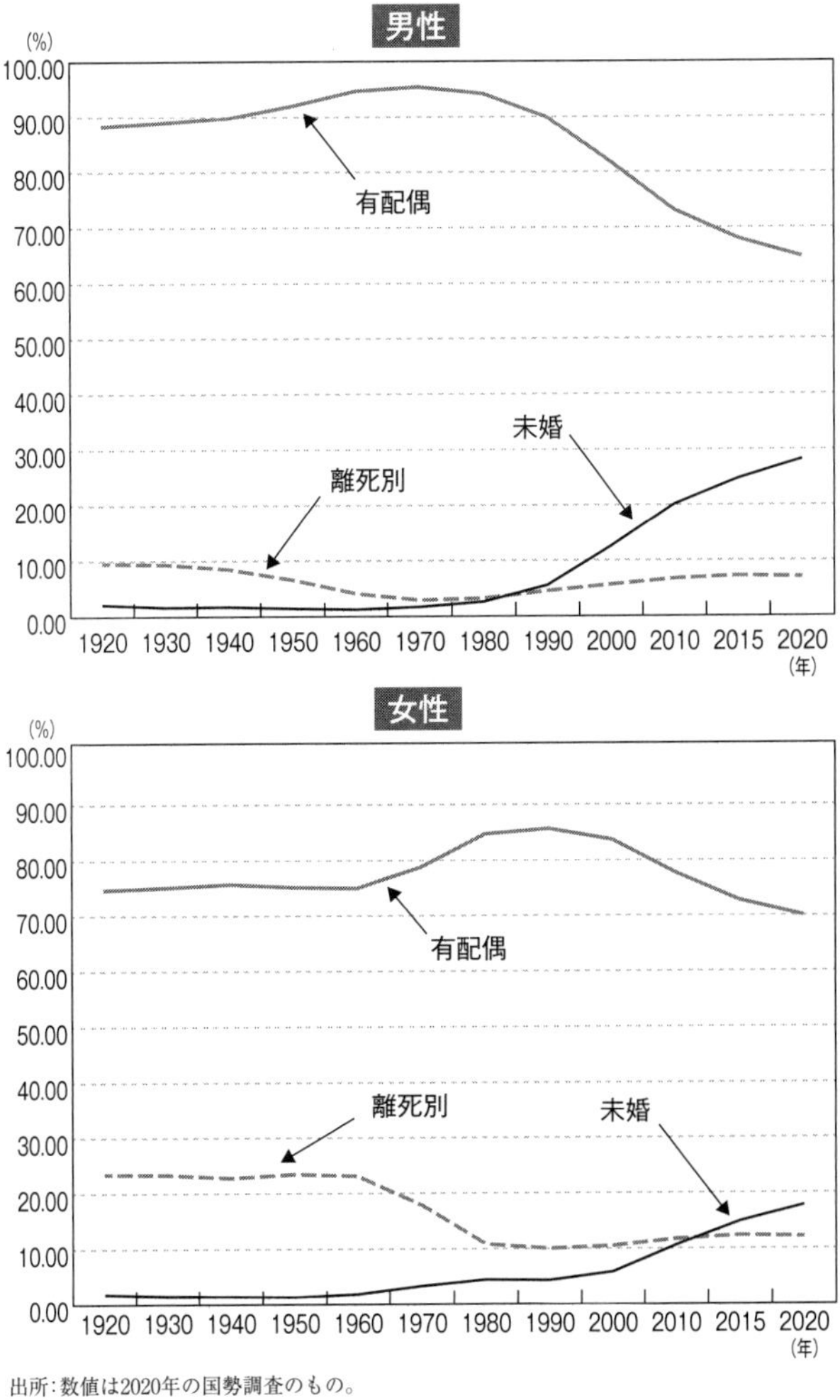

出所：数値は2020年の国勢調査のもの。

図表2-4　子の出生順位別、母の平均出産年齢

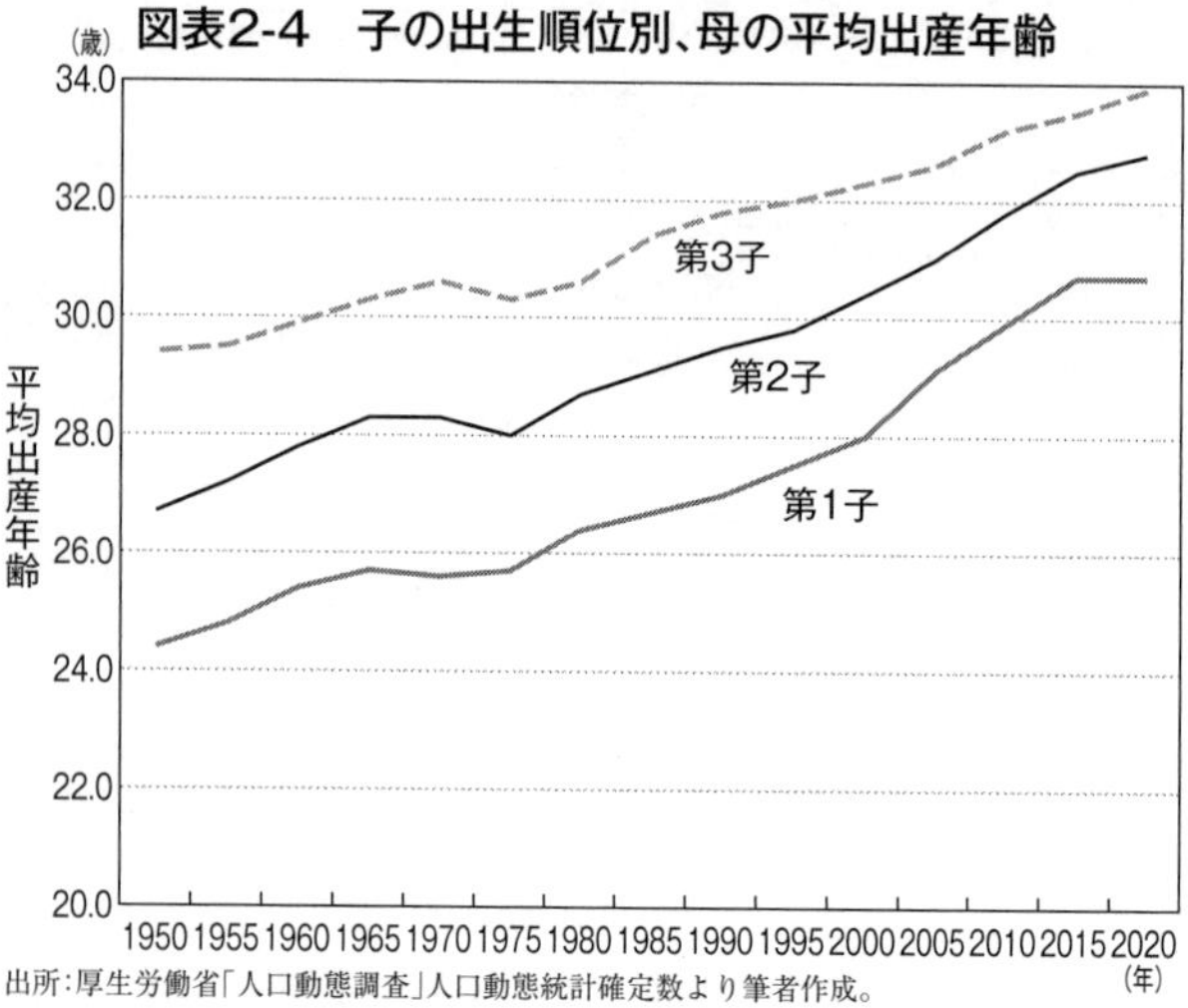

出所：厚生労働省「人口動態調査」人口動態統計確定数より筆者作成。

子までを産むとすれば、子育てが終わるころには50歳近くになる。出生率が高かった時期には平均寿命は50～60代であったので、子育てが終わったらそろそろ寿命、という女性も珍しくなかった。

このようなライフコースにおいて、女性の経験は現在の典型的な女性の経験とは全く異なったものであった。人生の大部分において小さな子がいることは、家業以外の（通勤を伴う）仕事への参加を難しくする。「女性の職場進出」は、出生数が少なく、またその間隔が短いからこそ可能になる。月経の回数も全く違う。出生数が多かった時期には、一生のうちの月経回数は数十回程度だったが、現代では４５０回にも及ぶという。当然、病気

のあり方にも違いが出てくる。[*] 月経の回数が多いと、子宮内膜症などのリスクが高まり、不妊にもつながりやすい。

＊筆者が、京都大学医学研究科の江川美保先生と対談した記事「現代女性の健康と人生を支える『女性のための生涯学』」を参照。https://www.lifelong-sci.jinkan.kyoto-u.ac.jp/talk01-egawa-tsutsui/

話を戻そう。未婚化が進む中で、女性の出生率はどのように変化してきたのだろうか。図表2-5は、１９７５～２０１５年の女性の年齢別出生率と、同有配偶出生率の推移を示したものだ。全体の出生率はこの間、20代前半、後半ともに下がり続けた。30代前半はほぼ一定水準で、30代後半の全体の出生率は上がり続けた。このことは図表２-２でも確認したとおりである。

では結婚している人の出生率（有配偶出生率）はどうだろうか。意外だと思われる人もいるかもしれないが、あまり下がっていないことがわかる。実際、有配偶出生率は、20代後半以外は上昇基調にあった。20代後半も、ほぼ水準を維持してきた。それにもかかわらず全体の出生率が下落してきたのは、晩婚化および未婚化によるところが大きい。

ちなみに20代前半の有配偶出生率が高いのは、結婚と出産が強く結びついてきたことの一

図表2-5　出生率と有配偶出生率

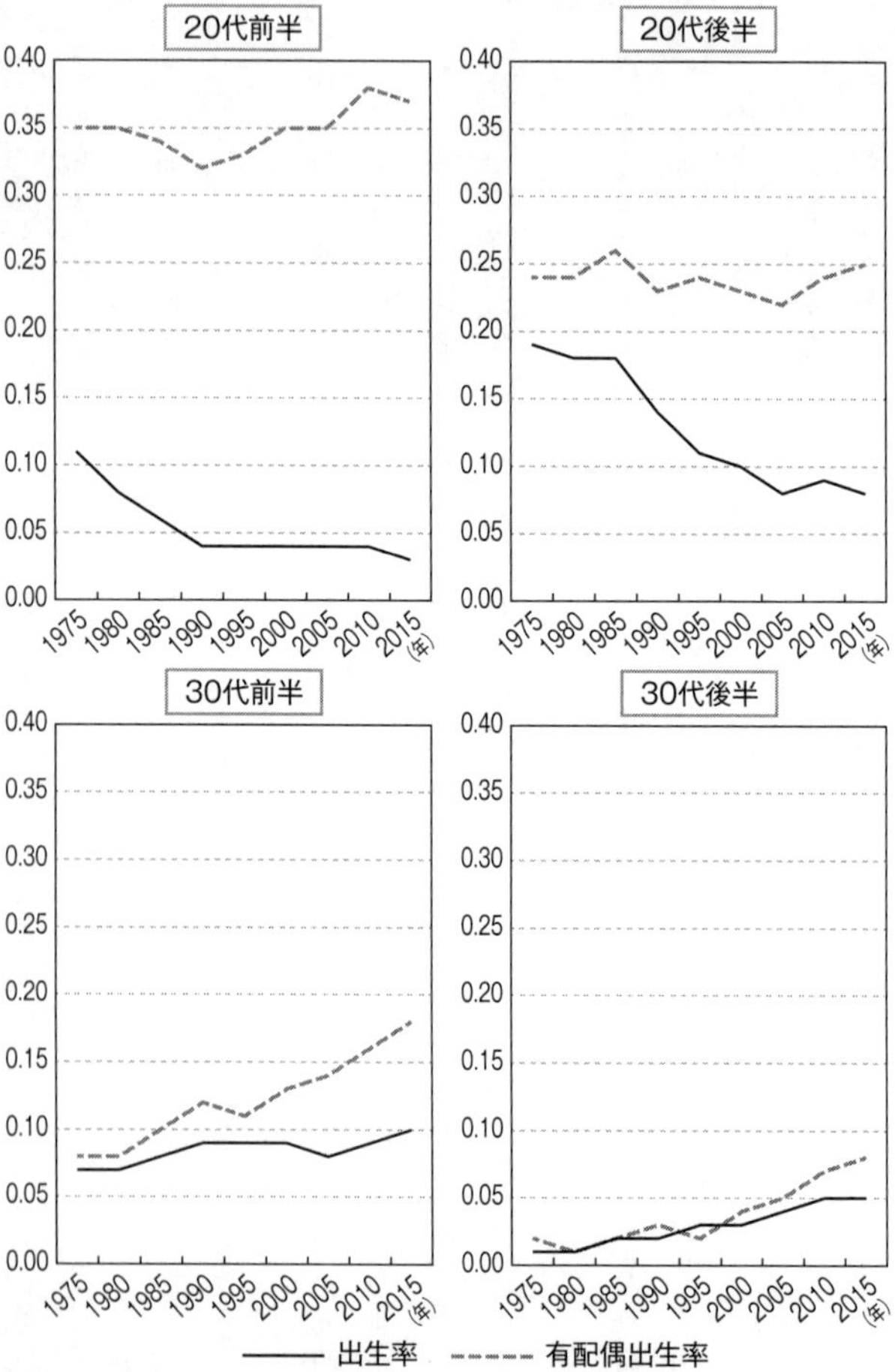

出所:「人口動態統計特殊報告/令和３年度　人口動態統計特殊報告　出生に関する統計」第5-２表「有配偶出生率(有配偶女子人口千対)、母の年齢(５歳階級再掲)・出生順位・年次別」および「国勢調査　男女、年齢、配偶関係」表4「配偶関係(4区分)、年齢(5歳階級)、男女別15歳以上人口—全国(大正9年～令和2年)」より筆者作成。

つの現れである。この年代は全体として出生率も婚姻率も低いのだが、「子どもが生まれるのなら結婚していなければならない」という規範があるために、妊娠した女性の多くは結婚の手続きをする。20代後半以降では、結婚しても子どもをもたない時期がある程度あるのだが、20代前半まではその時期が短いため、有配偶者の出生率が高くなるのである。

政府の対応のちぐはぐさ

２０２０年の有配偶出生率は、執筆時点でまだデータがなかったため、信頼できる数字はつくれなかったが、（年齢全体の）２０２０年の嫡出出生数から推定したところ、２０１５年よりもかなり低下していることが推測できた。つまり、足元では有配偶出生率は下がってきており、近年の出生率の低下にかなりの影響を与えていることが示唆される。この意味では、少子化対策の重点を有配偶者に置く従来の方針は、今でこそ有効になってきている可能性がある。また、第2次安倍晋三政権における保育の拡充政策などが、有配偶出生率の低下圧力を抑制してきた可能性ももちろんある。

ただ、いずれにしろ50年に及ぶ出生率低下の大きな部分が晩婚化・未婚化によるものだということは間違いない。少なくとも２０１５年までは、年齢別の有配偶出生率は大きな低下を見せていないどころか、年齢によっては上昇してきたのだった。さらに強調しておくべきことは、この晩婚化・未婚化の水準は、出生率の低下が始まる前、１９７０年代の水準とはかけ離れたままだ、ということだ。未婚率は徐々に上げ止まりつつあるが、持続的に下がっていく局面には入っていない。つまり、直近でも晩婚化・未婚化は少子化の大きな影響力であり続けている。「有配偶出生率が下がる」ことは無視できない重大な変化だが、このことと「未婚化が低出生率の大きな要因である」ことは両立する。

他方で、政府の少子化対策の軸は、有配偶出生率が下がっていなかった段階でも、不思議なことにずっと「子育て支援」であった。しかし、これまで見てきたように、日本人は結婚すればそれなりに子どもをもち続けてきたのだ。ここに「ちぐはぐさ」があることに誰もが気づくはずだ。

具体的に政策の流れを見ていこう。

現在に至る出生率低下の局面が始まる前、団塊の世代の出生後から１９６０年代までは、人口置換水準前後の出生率が安定して継続されてきたこともあり、それに合わせて政府の人口政策の立場は人口抑制から人口維持（「静止人口」）にシフトしてきた。１９７０年代から人口置換水準を下回る出生率低下が見られたのだが、しばらくは政府は積極的な少子化対策に乗り出さなかった。その一つの理由は、見られている出生率の低下は多くの場合、結婚・出産の先延ばしであり、いずれはキャッチアップするのでは、という見方がなされてきたからだ。*

*このあたりの経緯については、以下の書籍に詳しい。山崎史郎（２０１７）『人口減少と社会保障：孤立と縮小を乗り越える』（中公新書）

現在に続く政府の少子化対策は、１９９０年６月に当時の厚生省が、前年（１９８９年）の合計特殊出生率が１・57となり、例外的に低かったひのえうまの年（１９６６年）の１・58を下回ったことを発表したことが発端となって始まった。これがすでに触れた「１・57ショック」である。これを受けて政府（当時は海部《かいふ》俊樹内閣）は、すぐに「健やかに子供を生み育てる環境づくりに関する関係省庁連絡会議」を発足させ、翌１９９１年１月に報告書を作成した。１９９２年からは育児休業法が施行され、１９９５年からはエンゼルプランによって保育の拡充に取り組まれるようになった。そのほか、１９９５年に育児介護休業法（育児休業法の改正）、１９９９年に新エンゼルプランと、子育て支援政策は徐々に拡充されていく。すぐに理解できることだが、ここで政策のターゲットとして想定されているのは出生率を維持してきた有配偶者である。

こういった子育て支援の拡充路線とは一線を画して、有識者は「出生率低下は主に晩婚化・未婚化の問題である」という認識を確認し、それに基づいた提案をするようになった。2003年の「少子化社会対策基本法」に則《のっと》って制定されるようになった少子化社会対策大綱は、2004年に第1次大綱が閣議決定され、その後も継続し、2020年には第4次大綱が閣議決定された。筆者もこの大綱の策定検討委員会のメンバーであった。

大綱の策定メンバーには有識者が入っており、また行政も豊富なデータを資料として準備するため、エビデンスに基づいた議論が展開された。そのこともあって、晩婚化・未婚化の流れを止めるための若者の支援の課題（「若者の自立支援」「若年層経済基盤の安定」など）が盛り込まれるようになった。しかし、この有識者の提言は、閣議決定されるほどの文書であるにもかかわらず、2006年の小泉純一郎内閣による「新しい少子化対策について」、2016年の第2次安倍内閣による「ニッポン一億総活躍プラン」、そして2023年の岸田文雄内閣による「異次元の少子化対策」といった方針発表に比べると、全くと言ってよいほど注目を集めなかった。

その理由は、その都度の内閣によるプランの発表が、少子化に関してインパクトのある数字が発表されたことへの場当たり的なリアクションであったからだ。「新しい少子化対策について」は、前年（２００５年）に出生数が死亡数を下回るという発表がなされたことへの反応であった。「ニッポン一億総活躍プラン」は、同年の出生数が97・７万人となり、初めて１００万人を割るというタイミングでの発表であった。そして記憶に新しい「異次元の少子化対策」は、前年（２０２２年）の出生数が初めて80万人を下回る見込みだということが発表されたことへの反応であった。

要するにこういうことだ。専門家や行政は、それなりに少子化の主因である晩婚化・未婚化を意識して、持続的な取り組みの必要を、少子化社会対策大綱などを通じて訴え続けてきた。だが、その都度の政権やメディアはこの動きにはほとんど注目してこなかった。やってきたことと言えば、何かしらショッキングな数字が発表されるたびに、その場しのぎ的に対策を掲げてきただけだ。しかし、インパクトのある数字（「出生数が死亡数を下回る！」「出生数が初めて80万人を割る！」）への反応であるがゆえに、報道では注目を集めてきた。そしてその内容はほとんど子育て支援の拡充であり、晩婚化・未婚化対策ではなかった。

筆者が第４次少子化社会対策大綱の検討委員会（座長は佐藤博樹中央大学教授〔当時〕）として会議に参加していたとき、会議は数回にわたって行われたが、メディア関係者の傍聴や取材は非常に少なかった。大綱が最終的に閣議決定されたときも、メディアで取り上げられることは少なかった。大綱の策定が、ショッキングな数字へのリアクションではなく、継続的で地道な活動であることも一つの理由であろう。

しかし大綱の内容は、政権が場当たり的に発表してきた政策よりも、エビデンスに基づいたバランスの取れたものであった。第４次大綱でも、少子化の主要因である晩婚化・未婚化を考慮しつつ、「若い世代が将来に展望を持てる雇用環境等の整備」が掲げられ、子育て支援に限らず幅広く雇用・働き方を改革する必要が明記された。

政治でもマスコミでも、もう少しバランスの取れた活動を意識しないと、限られたリソース――報道時間でも、税金でも――の無駄遣いにつながることを意識する必要がある。

「こどもまんなか」は少子化対策ではない

２０２３年４月１日に発足した「こども家庭庁」だが、設立に向けた直接の発端は２０２１年、菅義偉《すがよしひで》政権下で「こども庁」の設立が検討されたことであった。その後、名称として「こども家庭庁」が提案され、２０２２年６月に国会で設立が可決された。以降、こども家庭庁が少子化対策の「司令塔」として位置づけられることになった。新たな体制では、これまでの「少子化社会対策大綱」「子供・若者育成支援推進大綱」および「子供の貧困対策に関する大綱」の三つの大綱は、「こども大綱」として一つに束ねられることになった。

こうなると、有識者が中心となって少子化対策の柱としてこれまで提案されてきた若者、あるいは独身者への支援が後景に退いてしまうのでは、という心配をしたくなる。こうなってしまうと、少子化対策は後退してしまう可能性さえある。

当然と言えば当然だが、結婚し、子どもを産み育てるのは大人である。生まれた子どもを支援することはたしかに間接的には子育てをする大人を支援することにもつながるが、特にまだ子どもをもっていない独身期の生活支援などについては、両者は重なるところが小さい。考えてみてほしい。「児童手当を拡充します」と政府が発表したとき、結婚に踏み出せない若者が「じゃあ誰かと出会って結婚できる！」と考えるのかと言えば、多くの場合そうはならない。

こども家庭庁のスローガンは「こどもまんなか社会」である。しかし、そもそも子どもを大事にすることと少子化対策は、関連はするがイコールではないことを忘れるべきではない。

まず、「子ども中心」のつくり方は一つではない。極論だが、「大人は仕事や楽しみを含む自分の人生を犠牲にして子ども中心に人生を考えるべき」という方針で政策を推し進めれば、「子ども中心社会」になる。しかし、こういう社会づくりに人々は合意しないだろう。子どもをもつのは、政府でも企業でもなく個人あるいは家族・世帯である。「子ども中心」が負担になるくらいなら、人々はむしろ「子どもをもたない」という選択をするかもしれない。それでも、非常に限られた人だけが子どもをもち、その子どもたちが社会的に重視される社会は、立派に「こどもまんなか社会」である。そしてこの「こどもまんなか社会」は、極端な少子化社会である。屁理屈《へりくつ》に聞こえるかもしれないが、あり得なくはない。

そこまで極論を展開するまでもなく、子どもを大事にする社会が「多子社会」ではないことは家族社会学者にとっては常識だ。むしろ子どもを大事にするようになったことが、出生率低下の一つの要因なのである。

家族社会学では、子どもや子育てが家族において重要な関心事になったのは近代化以降であるという見方をする。* 近代化以前は、高い乳幼児死亡率もあり、親は現在ほどの強い愛着を子どもに持たなかった。幼くして死んでしまった子につけた名前を、次に生まれた子につけることも多かったが、この習慣はそれぞれの子のかけがえのなさ、個別性を重視する現代の親の心理からすれば理解しにくいだろう。子育てにしても、必ずしも親が親身に行うとは限らず、乳母に預けたり、共同体の中で奔放に育てたりすることもあった。ある程度大きくなったら、他の家に奉公に出すことも当たり前に行われていた。

＊落合恵美子（２０１９）『21世紀家族へ：家族の戦後体制の見かた・超えかた』第4版（有斐閣）

社会が近代化するにつれて、経済的生活水準が上がり、かつて行われてきたように、遺棄といったかたちで生まれていた子の数を調整する必要性も減る。医療・公衆衛生や栄養状態の向上もあり、乳幼児死亡率が下がる。生まれた子が無事成人する確率も格段に高くなった。生後1年未満の乳児死亡率は、１８９９年（明治32年）には人口１０００人あたり１５３・８人だったが、現在では2人程度である。ちなみに乳児死亡率が１５０というのは、現在のたいていのアフリカ諸国よりも高い数字である。

こうして、親は生まれた子の成長を長期的に見守るようになる。また、子どもの数の減少や教育期間の長期化もあり、「少なく産んで大事に育てる」という意識が浸透する。政府の支援の有無に関わらず、社会はまさに「子ども中心主義」の時代になった。そして子ども中心の価値観が広がっていく中で、さらに避妊などの手段が浸透することで、子どもの数が減ってきたのである。＊

＊山田は、日本では「子どもにつらい思いをさせたくない」という強い愛情があり、そのことが状況によって出生を減らしてきた可能性を指摘している（山田昌弘〔2020〕『日本の少子化対策はなぜ失敗したのか？：結婚・出産が回避される本当の原因』〔光文社新書〕）。

もちろん、実際に政府が「子ども中心」というスローガンで意味しているのは、子どもだけではなく子育てをする世帯への支援を公的に行うことであろう。ただ、それでもこのスローガンは、少子化対策としてはあまり有効なものではない。

少子化対策で重要なのは、人生を子ども中心に構築することではない。むしろ大人にとって、結婚したり子をもうけたりすることが人生の他の側面にあまり影響しないような社会をつくることこそが肝心だ。逆説的だが、子どもが人生に占める位置があまり大きすぎないような社会のほうが、子どもは生まれやすいと言える。今さら、前近代社会におけるように子どもが生産力としてあてにされ、「人生にとって子どもが必須」という状態に戻すことは難しい。現代では、仕事キャリアが子をもつことに影響を受けないことが重要になる。しばしば両立支援と言われる政策である。

さらに言えば、子どもではなく子育て支援を中心に据えることにも、少子化対策という点では一定の限界がある。理由はすでに述べたように、日本の場合には子をもつことの前の「結婚の壁」がまだまだ大きいからだ。

結婚したくてもできないのか、結婚したくないのか

繰り返すが、少子化対策の重要な鍵の一つは結婚にある。では、なぜ結婚は減ってきたのだろうか。

ここで、次のような疑問を持つ人が多いだろう。すなわち、今の若い人は「結婚したくてもできない」のか、それとも「結婚したくない」人が増えているのか、という問いである。

実は、この問いに答えるのはそうとう難しい。そもそも、この問いは成立するのだろうか。するとすれば、どういう情報あるいはデータがあれば「答え」がわかるのだろうか。

たとえば、「結婚はしてもいいいんだけど、あまり条件のよい相手も見つからなさそうだし、今は結婚したくないかな」といった考え方の人はたくさんいそうだ。ではこの人は、右記の問いならば「結婚したい」のだろうか、それとも「結婚しなくない」のだろうか。

もっと極端な例を考えてみよう。次のように質問したらどうだろうか。「あなたは、以下のような人と現在交際しているとします。ルックスは上々、年収３０００万円、仕事は安定

しています。家事や育児は完璧にこなしてくれます。性格も優しく思いやりがあり、あなたを大事にしてくれます。数年間付き合ってきて、相性もよさそうです。この人があなたとぜひ一緒になりたいと思っています。あなたはこの人と結婚したいですか」。

自分の主義として「結婚をしたくない」人がいるとすれば、このような絶好の条件でも「結婚はしない」と考えている人のことであろう。右記の例は極端だが、よい条件があったとしても結婚はしたくないと考えている人こそが「結婚はしたくない」人だ、という考え方もありうる。この基準を採用すれば、「結婚したくない」と考えている人の割合はかなり少なくなるのではないだろうか。

このような基準で行われた調査は、日本では私が知る限り存在しない。なぜなら、「よい条件」をどのように設定するかで回答が変わるため、再現性の小さいデータになってしまうからである。何がよい条件なのかは時代によっても変化するため、時代を通じた比較も難しくなってしまう。*

＊意識（規範や意欲）が条件に左右されることを踏まえた調査研究の一例として、以下を挙げておく。
Robbins, Blaine G., Aimée Dechter, and Sabino Kornrich (2022) "Assessing the Deinstitutionalization of Marriage Thesis: An Experimental Test" *American Sociological Review*, 87(2): 237-74.

いずれにしろ、「結婚したくない」という選択肢と「いずれは結婚したい」という選択肢は、考えられている以上に違いが曖昧で、重なりがある。そのことを念頭に置いた上でだが、結婚意向の推移を見てみよう。図表2-6は、20代前半、20代後半、30代前半の三つの年齢階級について、男女の結婚意向をグラフにしたものだ。具体的には、未婚者を対象とした調査において「いずれ結婚するつもり」と回答した人の割合を示している。

データからは、30代前半の女性を除けば、いずれの性別・年齢階級においても基本的には下落傾向であることが読み取れる。ただ、詳細に見てみれば、１９８２年（初回調査年）から１９９７年までは下落、そこから２０１５年までは安定、最新調査年（２０２１年）では顕著に下落、という傾向が見て取れる。

２０２１年調査では結婚意向が下落しているが、報告書では「今回、性別や年齢、生活スタイルの違いを問わず減少がみられたことから（中略）、調査を行った時期の特殊な社会状況が、幅広い世代の意識に影響した可能性も示唆される」とされている（国立社会保障・人口問題研究所「第16回出生動向基本調査　結果の概要」より）。

このように基本的には下落傾向が観察できるものの、少なくとも２０１５年までは結婚意

図表2-6　結婚意向（「いずれ結婚するつもり」という回答割合）の推移

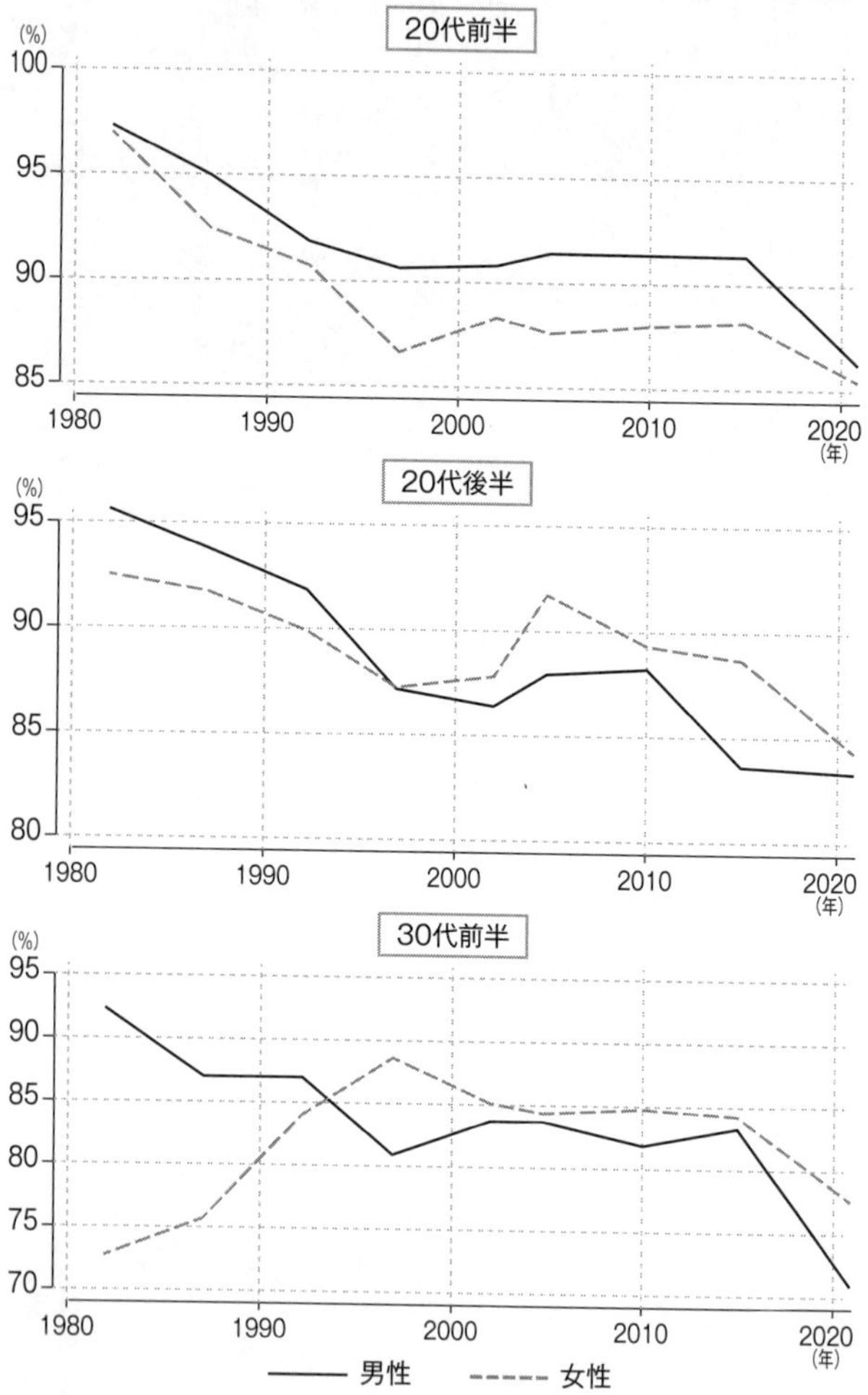

出所：国立社会保障・人口問題研究所「第16回出生動向基本調査（結婚と出産に関する全国調査）」。

欲は８割を上回っていたことにも留意すべきである。この間、それでも未婚化・晩婚化は進んできたわけで、多くの人は「結婚はしたいが望む結婚ができないのでしなかったのだ」ということになる。

結婚意向が下落した局面も多く見られるが、この下落の意味はデータからはわからない。次に見ていくように、条件がかなわないために結婚をリアルに感じられなくなってきた、という可能性も指摘できる。

晩婚化・未婚化の要因

そもそもなぜ人々は結婚を遅らせたり、またはそもそも結婚しないようになってきているのだろうか。

おそらく一番適切な回答は「さまざまな理由が複合的に重なってこうなった」というものだ。若者の性行動が不活発化しているという報告もあり、これが結婚行動の後退につながっている可能性がある。[*] そもそも日本などの東アジア社会では、欧米社会ほど強いカップル文化がなく、これが自由恋愛の時代においてカップル形成にネガティブに影響している可能性がある。

＊林雄亮、石川由香里、加藤秀一編（2022）『若者の性の現在地：青少年の性行動全国調査と複合的アプローチから考える』（勁草書房）

この中で、研究者のあいだで一つの有力な要因として考えられているのは、特に経済的要因に起因するミスマッチである。

結婚におけるミスマッチとは、要するに「条件が合う相手に巡り合わない」ことだ。近年では恋愛婚がほとんどであるとはいえ、少なくとも日本では「愛さえあれば結婚する」という状況にはなっていない。相手との相性のほか、やはり仕事や収入が気になるものである。日本では比較的、性別分業、すなわち「男性が稼ぎ、女性が家のことをする」という分業体制が根強く存在してきたため、特に女性は結婚相手の男性の仕事や稼ぎを気にする度合いが強かった。

では、現在に至る少子化が進行してきた中で、女性は結婚に際してどのような選択をしてきたのだろうか。図表2-7は、1960年代から2010年代の60年間にかけて、それぞれの年代で女性（16〜39歳）が行ってきた結婚に関する選択を女性の学歴別に見た数値である。選択肢は三つに分けている。「未婚」は結婚しないという選択である。ここで「上位婚」

図表2-7　1960〜2010年代における女性の結婚選択

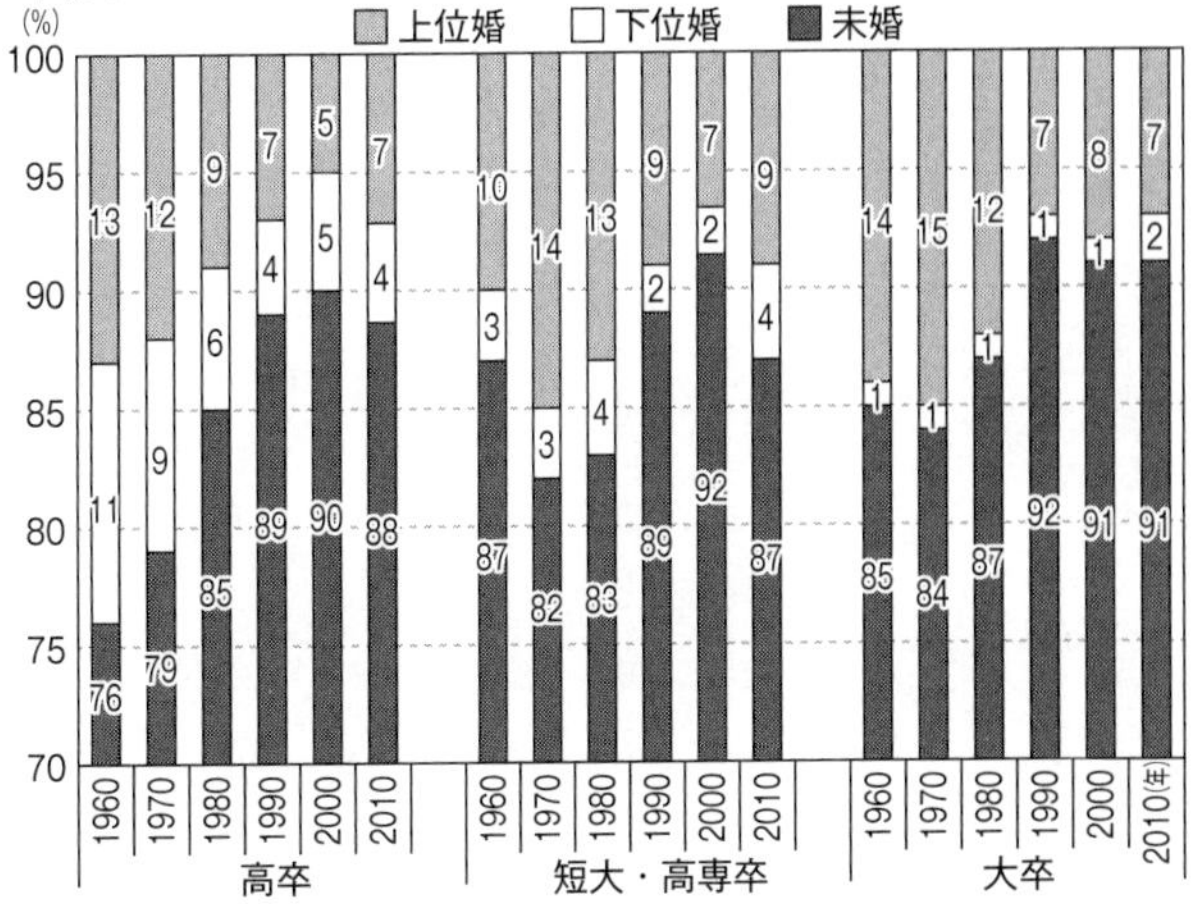

出所：筒井（2018）より。

とは、規模の大きな企業の正社員といった、一般的に好条件の相手との結婚を指す。「下位婚」とはそういった男性以外との結婚である。*

＊女性が自分より地位が上、同じくらい、下の男性と結婚することをそれぞれ女性上昇婚、同類婚、女性下降婚と言うことがあるが、ここでの上位婚と下位婚の概念とは異なる。上位婚と下位婚の分類についての詳細は、以下の文献を参照。筒井淳也（２０１８）「１９６０年代以降の日本女性の結婚選択」荒牧草平編『２０１５年ＳＳＭ調査報告書２　人口・家族』61―76頁、２０１５年ＳＳＭ調査研究会。簡単に言えば、ここでは上位婚とはたとえば大規模企業の正規雇用、下位婚とはそれ以外を指す。また、同様の分析については以下の論文も参照。Raymo, James M., and Miho

Iwasawa (2005) "Marriage Market Mismatches in Japan: An Alternative View of the Relationship between Women's Education and Marriage" *American Sociological Review*, 70(5): 801-22.

たとえばグラフの一番左上の数字「13」というのは、1960年代に高卒の女性は平均して13%「上位婚」を行った、ということを示している（気をつけてほしいが、グラフは70%から始まっている）。全体的に未婚継続という選択肢の割合が増加傾向にあったこともわかるだろう。

注目に値するのは、大卒女性である。ここでは、「下位婚」の選択割合はずっと1%程度であった。この間、増加傾向にあった大卒女性は、徹底して「下位婚」を拒否してきたことがわかる。1960～80年代にはまだ「上位婚」の割合もそこそこあったのだが、1990年代からは割合が小さくなっている。

大学に進学する女性が増え、結婚するならば有利な結婚をしたいと望む人も増えたのだが、これに対してそのような条件を満たす相手（男性）の供給が増えてこなかった。以上のデータからは、このような結婚市場の変化が透けて見えてくる。

所得が結婚と強く結びついていることは、さまざまなデータで示されてきた。図表2-8

図表2-8　30代前半男女の、所得額ごとのその後の結婚割合

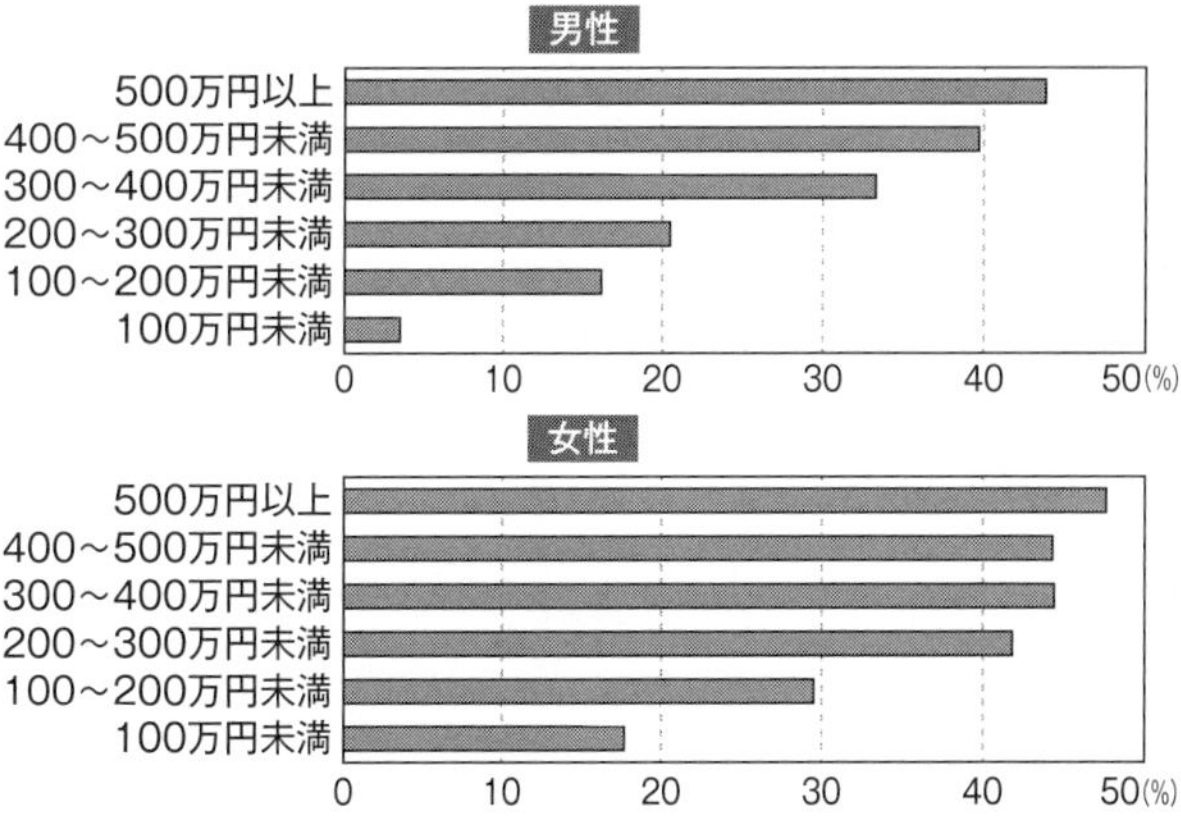

出所：厚生労働省「令和３年（2021年）第10回21世紀成年者縦断調査」より筆者作成。所得額は、調査後1年間で結婚した場合には調査前年（2020年）のもの。調査開始時点から未婚継続の場合、2019年の所得額。

は、30代前半の男女について、ある時点の所得額がその後の結婚割合に影響していることを示すグラフである。男性だと、年間所得が５００万円以上だとその後、４割以上が結婚しているが、１００万円未満だと５％にも満たない状態である。

　他方で、近年の変化としては、稼ぐ力が結婚に結びつく傾向が、男女双方に広がっている可能性がある。図表２-８の下を見ると、所得が２００万円未満の女性は、その後の結婚の割合が顕著に少ないことがわかる。雇用が不安定化する中で、女性が稼ぎの安定した男性を望むように、男性の側も稼ぐ力を持っている女性を望むようになってきている。とはいえ、女性の所得は、まだまだ男性の所得ほどには結婚の可能性に対してはっきりとした影響力を持っていない。

以上から示唆されることは、安定した所得、あるいはそれをもたらす仕事があることが、結婚にとって持つ意味の重さである。このことを踏まえながら、地域と出生率の関係について次の章で見ていくことにしよう。

第3章

少子化問題と自治体

自治体の多様性

少子化問題は複雑であるため、出生率が高い外国や自治体をお手本（モデル）にしよう、という意見が出てくるのは理解できる。それに、「どのくらい対策をすべきか」という水準は、積極的取り組みをする自治体の水準が影響しうる。隣の市がやるとなれば、自分の市でも取り組もうということになる可能性は高い。また、対策アイディアの創出、つまりイノベーションは取り組み主体が多ければ多いほど生まれやすい。自治体は政策アイディアが生まれる孵卵器《ふらんき》のように機能することもある。

ただ、出生率の観点から自治体に注目する際に、若干バランスの悪い見方が多くなっているように思う。本章では、いくつかのデータを組み合わせて見ていくことで、自治体から見えてくる少子化問題について、一歩引いた目線から整理してみよう。

そもそも、自治体と言っても極めて多様だ、ということを認識すべきだ。この基本的な論点を、国勢調査をはじめとするいくつかのデータで確認してみる。

2023年時点で、自治体（ここでは市区町村と東京特別区を指す）は1741個ある。ただ、国勢調査の統計だと政令指定都市では区ごとの集計を行うため、この場合のデータの個数は１８９６個になる。このうち福島第一原発事故の避難地域になったためにデータがイレギュラーな自治体を除いた１８８５個のデータで、自治体の多様性について見てみよう。*

＊データは２０２０年国勢調査および厚生労働省の人口動態統計特殊調査（平成25～29年）を用いている。ただし後者のデータにおいて、東日本大震災の影響で合計特殊出生率のデータが欠けている福島県南相馬市、双葉郡（８町村）、相馬郡飯舘《いいたて》村、および宮城県牡鹿《おしか》郡女川町《おながわちょう》の11自治体を除いている。以下、出典が付記されていない図表には、このデータを用いている。

最も人口が多いのは東京都世田谷区で94万３６６４人（政令市単体では横浜市の３７８万人）、最も少ないのは東京都青ヶ島村で１６９人である。その差は５５００倍以上だ。出生率が最も高いのは沖縄県国頭《くにがみ》郡金武《きん》町《ちょう》で２・47、最も低いのは大阪府豊能《とよの》郡豊能町で０・84である。

人口とは異なる側面でも自治体は多様だ。財政の余裕の目安として、地方税歳入を人口で割った値を見てみると、*最も少ないのは鹿児島県大島郡伊仙《いせん》町（徳之島南部の町）で、一人あたり５・２万円である。徳之島は高い出生率で知られており、伊仙町では２・46と全国２位だ。反対に一人あたりの地方税歳入が最も多いのは北海道古宇《ふるう》郡泊《とまり》村で、なんと１４

1・3万円、伊仙町の27倍である。一人あたりの地方税歳入が多い自治体は、ほとんどの場合、原子力発電所や水力発電所を自治体内に抱えており、そこからの固定資産税収入が大きい。泊村の場合、歳入の93％が固定資産税である。ちなみに泊村の出生率は1・36と、全自治体の平均1・51よりかなり低い。

＊データは総務省「地方財政状況調査関係資料」のものを使った。コロナ・パンデミック前の数値を見るために2019年度のデータを用いている。

このように極端な地域差があるため、比較には注意が必要だ。出生率が高い自治体には、徳之島もそうだが、人口が少ない離島が多い。また、沖縄県は全国水準に比べて全体的に出生率が高く、こちらも比較の際には一定の配慮がいる。41個ある沖縄県の市町村のうち、実に36個（87・8％）の市町村で出生率が1・8を超えている。2015年に政府が目標に掲げた「希望出生率」は1・8であるが、もし日本が沖縄県の自治体だけで構成されていれば、ほぼ目標達成である。

出生率が1・8を超えている自治体の割合は、鹿児島県で55・8％、さらに宮崎県50・0％と続く。概して九州（特に鹿児島県・宮崎県・熊本県・長崎県）と沖縄県には出生率が高い自治体が多い。これに対して北・東日本（北海道、東北、関東甲信越）では出生率が1・8を超える自治体は一つもない。そういう意味では、現在の日本の人口を支えているのは西日本、特に南九州・沖縄である。このように、近年の日本の出生率は「西高東低」であることは、研究者のあいだでは以前から指摘されてきた。

他方で、自治体ごとに見たとき出生率と人口増加率の関係は単純ではない。2020年までの5年間の人口増加率（2015年国勢調査時点からの増減）が高い地域には、決して出生率が高いわけではない大都市圏の都心部が目立つ。東京都中央区（増加率19・8％）、同千代田区（14・2％）、大阪市西区（14・5％）、名古屋市中区（11・9％）などである。東京都中央区の臨海地区が典型的だが、これらの地域ではタワーマンション建設が人口増加につながっている。福岡市博多区、神戸市中央区などでも人口増加率が高い。同じ都心部でも、京都市では高さ規制のため戸数が多いマンションが建設できず、また価格も割高になるためか、人口増加は進んでいない。

繰り返すが、これら都心部での人口増加地域では、出生率が必ずしも高いわけではない。地方からの移住により人口は増加するが、住民の出生率だけでは人口は急激に減ってしまう。

出生率の高い自治体の中には、離島のように人口規模が極めて小さいものもある。では、人口規模がそこそこあり、かつ出生率も比較的高い自治体とはどんなところなのだろうか。右記の1885の自治体（地区）のうち、出生率が1・8を超えており、かつ人口も2万人を超えているのは、沖縄県内の自治体を除くと41個である。この41個について、ある数値を加えて分析してみると、とある特徴が浮かび上がる。その数値とは、「流出人口」の割合である。流出人口とは、移住して出ていく人口ではなく、昼間に通勤・通学で他の自治体（地区）に移動する人口のことである。

図表3―1は、右記41個の自治体の人口増加率と流出人口割合をプロットした散布図である。二つのグループに分かれていることがわかる。一つは右上で、流出人口が多く、また人口増加率の比較的高いグループである。左下はその逆だ。右上グループには、福岡市や名古屋市に近い郊外の自治体が含まれている。左下グループにはそういった地区は少なく、むしろ大都市部からは遠く、多くの住民は地区外に通勤・通学することはない。

出生率も高く人口規模も大きい自治体のうち、人口増加が見られるのはほとんどの場合、都市部近郊の自治体であり、かつこれらの地区では昼間流出人口（域外に通勤・通学する人）が多い。右記の41個のデータでは、人口増加率と流出人口割合の相関係数は0・87である。

図表3-1　人口増加率と昼間人口流出割合

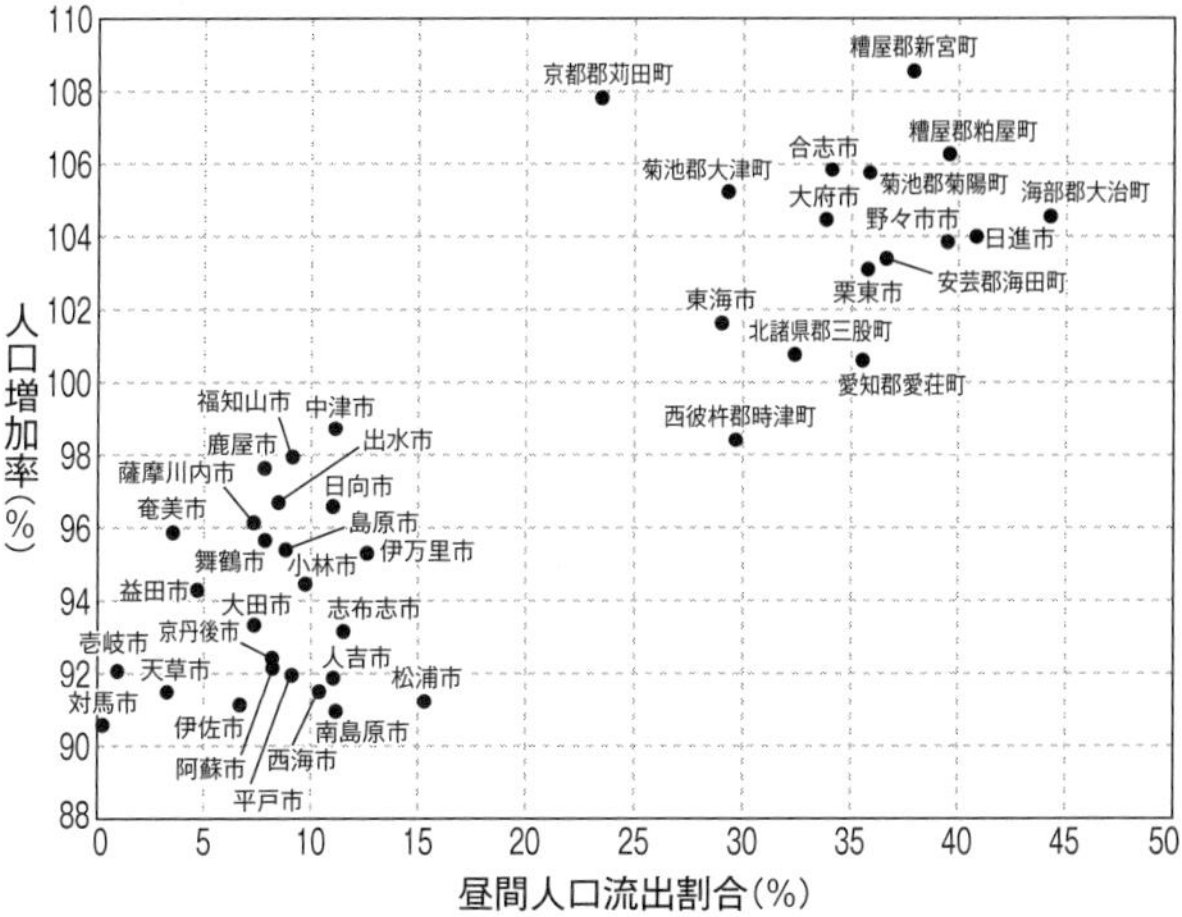

参考までに、沖縄県の自治体を含めて出生率の制限を外した場合でも相関係数は0・55であり、概して人口増加率と流出人口割合にはある程度の関係があると言える。つまり、通勤・通学で人が昼間に出ていく自治体のほうが人口増加率が高い傾向がある。

　ただ、人口増加率自体は、合計特殊出生率と単純な関係はない。人口増加率と出生率の相関係数は全体でマイナス0・02と、この二つの要素だけ見たときにはほぼ関係がないと言ってよい。たとえば人口増加率が高く、また流出人口割合が高い地域でも出生率が低いところは多い。東京都23区や政令指定都市の都心に近い区の多くはそれにあたる。子育ての予定が当面ない単独世帯が多く移住してきているか、予定はするが少ない子どももしかもたない世帯が多いと考えられる。

人口規模、出生率、人口増加率ごとの特性

出生率の点で「モデル」となる自治体についての一つの考え方は、人口規模が比較的大きく、出生率が高く、また人口も増加しているような地域であろう。そこで、この三つのデータそれぞれで上位25%と下位25%のカテゴリーをつくり、特徴を見てみよう。上位25%、中央値、下位25%の境界の値は図表3-2のとおりである。たとえば人口規模で言えば、8541人以下の自治体は下位25%に、8万2754人以上の自治体は上位25%に入る。人口増加率については、トップの東京都中央区（119・8%）と、石川県能美《のみ》市（99・2%）までが上位25%だが、1885個のデータの中で人口増加率が0より多いのは全体の21・3%の地区しかない。したがって能美市は、数値はマイナスだが上位25%に入っている。

まず人口規模と出生率の分布を図表3-3に示した。概して、人口が中位（25〜75%）だと出生率の上位自治体が多い。人口規模が上位の自治体は、出生率が低いグループに偏っている。たとえば人口規模が上位25%のグループのうち、出生率が下位25%に入っているのが

図表3-2　人口規模、出生率、人口増加率の下位25%・中央値・上位25%

	下位25%	中央値	上位25%
人口規模（人）	8,541	28,279	82,754
合計特殊出生率	1.37	1.5	1.62
人口増加率（%）	91.8	95.4	99.2

図表3-3　人口規模と出生率による分布

人口規模	出生率				
	~25%	25~50%	50~75%	75~100%	計
~25%	21.6	24.2	30.9	23.3	100.0
25~50%	22.9	24.0	23.4	29.7	100.0
50~75%	23.4	25.5	23.4	27.8	100.0
75~100%	35.0	31.9	20.2	13.0	100.0

約35％、上位25％に入っているのは約13％である。

では、人口増加率はどうだろうか。上の図表３−３に、それぞれのグループの人口増加率の平均を書き込んだ図表３−４を見てみよう。まず気づくのは、人口規模が下位25％の自治体では全体的に人口減少が激しく、それは出生率が上位である自治体を含めてである、ということだ。出生率が下位25％では２０１５年からの５年間で平均９・９

図表3-4　人口規模と出生率ごとの人口増加率の平均

人口規模	出生率			
	～25%	25～50%	50～75%	75～100%
～25%	90.1	90.9	91.5	92.9
25～50%	93.1	93.2	94.2	95.3
50～75%	96.5	96.3	97.0	97.9
75～100%	100.9	100.1	99.5	99.7

％、出生率上位の自治体でも7・1％の下落と、急激な人口減少が生じている。逆に平均的に人口が増加したのは二つのグループだけで、人口規模上位25％のグループのうち、出生率が下位の自治体である。人口規模が大きな自治体の多くは出生率が低いが、しかし域外からの転入のために人口が増えているのである。

次に、三つの要因でいずれも上位あるいは下位25％に入っている極端な自治体をピックアップして、具体的な例を見てみよう。この極端な自治体は、全体の13・6％（256個）である。組み合わせとしては、出生率、人口規模、人口増加率のそれぞれについて上位25％と下位25％の2グループがあるので、2×2×2＝8個の「極端グループ」があるが、実際には分布がかなり偏っている。ここでは、あてはまる自治体数が10個以上あったグループだけを見てみよう。これらのグループについて

図表3-5　自治体グループの特徴

	グループ1	グループ2	グループ3	グループ4
個数	70	44	97	35
人口規模	下位	下位	上位	上位
人口増加率	下位	下位	上位	上位
出生率	下位	上位	下位	上位
高齢化率(%)	45.6	42.3	24.1	24.5
第一次産業割合(%)	16.0	24.5	0.5	2.2
第二次産業割合(%)	21.6	19.7	16.5	29.3
第三次産業割合(%)	62.4	55.9	83.0	68.5
昼間流出割合(%)	16.5	11.9	35.7	26.0
25～29歳女性の割合(%)	2.4	2.5	6.3	4.9
25～29歳女性未婚率(%)	64.9	55.0	73.0	57.2
合計人口	28.1万人	18.4万人	2343.9万人	629.5万人
特徴	三つの点すべてにおいて下位。多くが北海道と東北の自治体。	出生率は高いが、人口規模が小さく、人口も減少している。九州・沖縄に多い。第一次産業中心。	人口も多く人口増加しているが、出生率だけは低い。首都圏・大都市の中心部。	三つの点すべてにおいて上位。西日本の大都市近郊か工業地帯。

は、図表３-５にまとめた。

まずグループ１（人口規模下位、人口増加率下位、出生率下位）だが、三つの数字すべてにおいて下位であり、また、たいてい高齢化率が非常に高い（平均で45・６％）。人口の点で深刻な課題を抱えた自治体であると言えるだろう。流出人口割合は全体的に低く、比較的閉じている自治体である。産業では、第一次産業従事者の割合が高い。20代後半女性の割合はかなり低く、未婚率も高めである。地域的には、北海道と東北地方で半分以上を占める。西日本では、近畿圏の自治体15個があてはまるが、それより西の地方（中国、四国、九州、沖縄）ではこのグループに入っている自治体は一つもない。

次にグループ2（人口規模下位、人口増加率下位、出生率上位）であるが、こちらは半分以上（26個）は九州・沖縄である。高齢化率は高く（42・3％）、流出人口割合も低めで、第一次産業従事者割合が高いという点では、グループ1とよく似ている。ただ、どちらかと言えばこちらのグループのほうがグループ1よりも農林漁業従事者割合が高く、また流出人口割合も低い。女性が他地域に転出しているからか、男女の人口比だと男性が多く、また20代後半の女性の未婚率は低めだが、女性全体に占めるこの年齢階級の女性の人口が少ない。つまり、多くの女性は域外に転出するが、残った数少ない女性の多くは結婚して子どもを多くもっている、ということである。

前述した二つのグループは、人口減少している自治体における「東日本型」と「西日本型」だと言うことができる。いずれにおいても第一次産業従事者割合が高く、若年女性が域内から転出しやすいが、東日本型と西日本型の違いは、後者においては残っている女性の婚姻率が高く、したがって出生率も高い、ということである。

次にグループ3（人口規模上位、人口増加率上位、出生率下位）には、地方から転出した女性が向かう場所、すなわち首都圏か大都市の中心部が多数含まれている。東京23区のうち、18個はここに入る。東京都からは全部で30個の自治体がこのグループに入っているので、グループの３割以上は東京都の自治体で占められている。高齢化率は低く（24・１%）、働き手のほとんど（83・０%）は第三次産業従事者である。流出人口割合も35・７%と高い。そしてこのグループの最大の特徴は、若い女性の割合が高く、また未婚にとどまる割合が非常に高い、ということである。

このグループに属する自治体の総人口は２３００万人を超えている。非常に多くの人々（日本の人口の18%ほど）がこのグループの自治体に住んでおり、少子化対策の重要なターゲットになることがわかる。

最後にグループ４（人口規模上位、人口増加率上位、出生率上位）である。属する人口はトータルで６３０万人ほどで、グループ３に比べると小さいが、それでも三つの数字すべての上位だという意味で、注目に値する自治体グループであろう。このグループには、複数の特徴のある地域が含まれている。沖縄県の５つの自治体を除くと、まず目立つのは大都市近郊の市か（福岡県大野《おおの》城《じょう》市など）、若干都心から離れたところにある政令指定都市の区（名古屋市緑区、広島県安《あ》佐《さ》南《みなみ》区など）である。これらでは流出人口割合が高く、都心のベッドタウンになっていることがわかる。典型的なのは大阪市鶴見区（出生率は1・70）で、実に38％の人口が昼間は他の自治体に通勤・通学している。

このグループには別の特徴を持つ自治体も多く含まれている。それは、市内あるいは近隣自治体に規模の大きい製造業の事業所がある自治体である。その代表は愛知県豊田市（出生率1・65）で、第二次産業従事者割合は46％（1885個中13位）と突出して高い。同類の自治体には、愛知県刈谷《かりや》市（出生率1・80）、同じく愛知県安城《あんじょう》市（同1・75）、静岡県袋井《ふくろい》市（同1・76）と、中部地方の市が並んでいる。

実はこの、三つの数値がすべて上位のグループ4に入るのは、ほとんどが静岡県・愛知県の自治体か、あるいは西日本の自治体である。例外は、域内に鹿島臨海工業地帯を抱える茨城県神栖《かみす》市、建設機械で有名なコマツ本社のある石川県小松市の二つだけだ。中でも非常に存在感が大きいのは愛知県で、このグループに入る35個の自治体のうち、実に12個の自治体は愛知県である。愛知県には名古屋市という大都市のベッドタウンがあり、かつ豊田市周辺には自動車産業を主とした大規模工場のある自治体が多いことが理由である。また、グループ4の自治体には若い女性もある程度住んでおり、婚姻率も低くなく、したがって出生率も高い。

日本の出生率は、先に指摘したとおり、現在では「西高東低」である。実は、日本の近代化が始まった明治期くらいまでは、このような傾向は見られなかった。東日本から西日本への人口のシフトは、基本的には産業構造の変化に沿ったものだ。農業や養蚕が産業の核であった時代には、むしろ東日本には優位性があった。しかし工業化が進むと、工業地帯のある太平洋と瀬戸内海に面した都市が徐々に優位になっていく。現在でもこの地域は出生率の点では優位なままである。ただ、サービス産業化が進むと、今度は大都市圏への人口集中が生まれ、西日本の自治体からの転出が目立つようになってきたわけである。

雇用と住居費が鍵

以上、自治体を人口規模、人口増加率、出生率の三つの数字によってグループ分けした上で、特徴的なグループを見てきた。特に注目すべきは、三つの数字すべてが上位25％に入るグループ４であるが、単純化して言えば、このグループに入るのは大都市近郊のベッドタウンの自治体か、非都市部の製造業の事業所がある自治体である。もっと言ってしまえば、「仕事があって、しかも住居費がそれほど高くない自治体」である。「仕事はあっても住居費が高い」都心部でもなく、「住居費が安くても仕事がない」農村部でもない、中間的な地域である。
ベッドタウンの住人に働き口を提供しているのは大都市であり、通勤が発生するため、利便性を考えると駅前に大規模マンションがある自治体に人が集まりやすい。個々のケースを見ると、首都圏であれば神奈川県川崎市の武蔵小杉が有名であろう。グループ4からは外れるが、同じく駅前にマンションが立ち並ぶ自治体としては滋賀県草津市がある。出生率は1・45とそれほど高くないが、人口は増加傾向にある。九州では、福岡県の糟屋郡《かすやぐん》新宮町《しんぐうまち》が典型例である。

新宮町は非常に面積が小さな自治体で、世田谷区の約3割ほどの広さだが、近年著しく人口が増えてきた自治体である。2000年には2・24万人だったが、2020年では3・25万人まで増えた。背景には、博多駅から電車で24分ほどのJRの駅（新宮中央駅）の新設とその周辺のマンションの建設、（IKEAなどの）商業施設の開業があった。新駅は2010年に開業したが、2010年から2015年の5年間で町の人口は22・9％も増加した。福岡市までの幹線道路である国道3号線沿いのロードサイド開発もさかんになされた。

新宮町の合計特殊出生率（1・85）は、隣接する福岡市（1・32）や古賀《こが》市（1・42）と比べても非常に高い。若いカップルが子どもをもつ前に移住し、新宮町で子どもをもったので

図表3-6　福岡県新宮町の位置とグーグルマップ上の写真

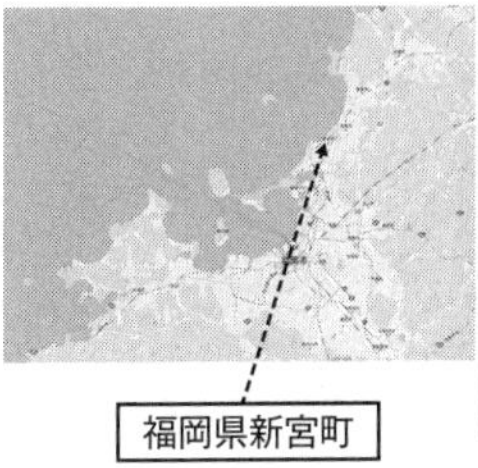

JR新宮中央駅の駅前開発

引用元：Google マップ、Google Earth（Google LLC）

あろう。福岡市は、職場に近いぶん魅力的だろうが、いかんせん住居費が高い。古賀市は、駅に近い立地の大規模マンションが少ない。その意味で、若い共働きカップルにとっては新宮町は魅力的な選択肢である。

非都市圏でも、域内に安定した雇用を生む事業所、特に製造業の事業所があると、出生率も人口増加率も高くなる。愛知県豊田市や石川県小松市が典型例である。これらの地域は都心部（それぞれ名古屋市と金沢市）から若干離れていることもあり、それなりに広い住居が入手しやすい。

滋賀県栗東市《りっとう》は、域内に大企業の工場を複数抱えている上に、域外への通勤・通学の割合も多い。つまり、ベッドタウンとしての機能と、工業地域としての特性を両方兼ね備えている。そのせいか、出生率は2・02と非常に高い。

また、自治体ごとの未婚率を見てみると、さらに詳しい様子が見えてくる。グループ4では相対的に女性の未婚率が低い。

図表 3-7　滋賀県栗東市の位置とグーグルマップ上の写真

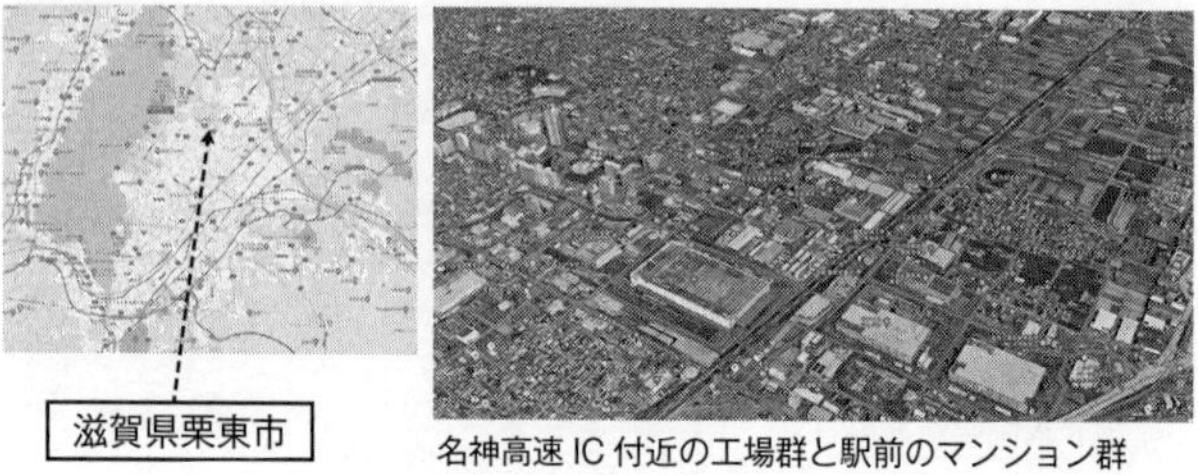

名神高速 IC 付近の工場群と駅前のマンション群

引用元：Google マップ、Google Earth（Google LLC）

おそらく、域内の多くの女性がそこで安定した雇用を持つ男性と結婚しているためであろう。これに対してグループ3では若年女性の未婚率が高い。

当たり前と言えば当たり前だが、自治体ごとの若年未婚率と出生率の関係はかなり強い。人口2万人以上の自治体に限った場合、20代後半で言えば、男性未婚率と出生率の相関はマイナス0・71、女性ではマイナス0・79である。これに加えて、男女の未婚率の差との関連も無視できない。20代の男女未婚率の差と出生率の相関は0・4を超える。つまり、未婚女性が未婚男性よりも目立つ地域のほうが出生率が低い。これは、グループ3のように都市部で未婚女性が多く、また出生率が低い自治体が多いからであろう。

以上のように、人口規模がある程度大きくてかつ出生率も高い地区に絞って分析することで、さまざまなことが見えてくる。このことを踏まえつつ、自治体の出生率についてさらに検討してみよう。

自治体の人口動態から見えてくること

これまで、雇用（働き口）があり、そして住居費が高くないという二つの条件を満たすのが、大都市近郊のベッドタウンか、非都市部の工業地区であるということが見えてきた。このことは少子化対策としてどれほどの意味を持つのだろうか。実は、いくつか注意しなければならないことがある。

ベッドタウン型の自治体と言っても、近年、人口の面で優位性がある自治体は、1970年代に見られたニュータウン開発のケースとは異なる。ニュータウンの場合、最寄り駅までバスあるいは徒歩で移動する必要があり、通勤に時間がかかるものがあったが、すでに見てきた福岡県新宮町や滋賀県草津市、そして神奈川県武蔵小杉などでは駅周辺にマンションが林立するようなケースが目立つ。

この変化の背景にあるのは共働き社会化である。1970年代と言えば、日本において専業主婦の割合が最も高かった時代である。通勤するのは夫のみで、家事や育児は女性の役割であった。これに対して近年徐々に増えてきたフルタイムの共働き夫婦では、二人して都市部に通勤することが多く、通勤時間の長さは生活の余裕を奪ってしまう。こういった世帯では、通勤時間を圧縮するため、できるだけ都市部に近い駅の周辺に住むことが優先される。駅前なので住居コストは若干高くなるが、共働きによって対応できるという理由もある。

ただ、問題はこういった開発も、かつてのニュータウンに共通する問題を抱える可能性がある、ということだ。それは転入するコーホート（世代）が均質であることからくる問題である。駅前のマンション群が比較的短い期間で売りに出されると、子育て世代が短期間に大量に転入する。保育園や学校も、急激に増える子どもに対応する必要がある。

さらに、住民に適度な入れ替えがない場合、入居者夫婦もその子どもも、同じように歳をとる。武蔵小杉のある川崎市では、１９７０年代に公営団地（西三田《にしみた》団地など）がある多摩区の人口が急激に増加した。武蔵小杉駅のある中原区は、同時期には人口が継続的に減少していた。２００５年からは、駅周辺の住宅開発が相次ぎ、年間４０００人を超える転入者があった年も多い。しかし近年では転入者が少ない年もある。現時点では急激に増える子どもに対応する保育所、学校などのインフラの整備に追われているが、近い将来にピークアウトする子ども人口への対応も同時に視野に入れざるを得ない。入居者夫婦にしても、高齢期に他地域に転出する人が少なければ、地域は高齢化する。

もちろん、駅近の物件を売却あるいは賃貸に出し、退職後にもう少し都心から離れたところに転出する人も多いだろう。この場合でも、土地勘がない遠くの地域に転出することはあまりないだろうから、地域の高齢化という点では課題が残る。転居後の住居に新規入居が少なければ空室が多くなり、マンションの維持管理が課題になる。神戸市は２０１９年、こういった問題を見据え、都心部のタワーマンション建設を規制する条例を成立させた。今後はこういった動きが他の地区でも増える可能性がある。

さて、現状では人口の点で優れている点が多い非都市部の工場地帯だが、グローバル化が進む中でどこまで雇用を維持できるのかは未知数であろう。２０２２年の第二次産業の就業者数は１５２５万人で、１９９２年の２１９４万人をピークに減少傾向にある。ただ、２０１０年代以降は製造業就業者数に単調な減少傾向は見られない。円安と国内賃金の停滞の影響もあって国内への生産拠点の移転（国内回帰）が一部で進んでいる。[*] また台湾に本拠地がある、世界でも最大規模の半導体メーカーＴＳＭＣが大規模な生産拠点を熊本県菊池郡菊陽《きくよう》町に建設するなどの動きがあり、これからの国内製造業に注目する必要がある。

＊経済産業省『２０２３年版ものづくり白書』26頁。

とはいえ、第二次産業の従事者数は第三次産業の3割ほどしかいない。都市部の雇用で生活している人たちの出生率や人口問題への対応がメインであることに変わりはない。「モデル」となる自治体には非都市部の工業地区を含むものがあるとはいえ、都市部住民の結婚や子育ては、その意味では軽視できる問題ではない。ただ、無計画な開発は、すでに述べたような出生数の短期的な増加に絡む問題を誘発させることに留意すべきである。

最後に、政府の少子化対策の方針において参考になる点が含まれる、ということがある。しばしば少子化対策として、出生率が比較的に高い自治体の子育て支援に注目が集まるが、その自治体の出生率の高さが子育て支援の結果なのか、それともこれまで見てきたような雇用、住居費、通勤の利便性といった要因によるものなのか、個々のケースに即して丁寧に見ていく必要がある。

自治体の出生率の誤解

さて、「はじめに」でも書いたが、自治体、特に市町村水準の出生率（合計特殊出生率）の議論においては、いくつかのバランスの悪さ、あるいは誤解がある。この点を整理してみよう。

出生率が比較的高い自治体（たとえば兵庫県明石市《あかし》や千葉県流山市《ながれやま》、いずれも出生率は１・58）の子育て支援策に注目する政府やメディアは多い。特に流山市（人口約20万人）は、人口増加率が14・６％と非常に高く、多くの子育て世帯が移住していることがうかがわれる。特徴としては、流山市は流出人口（通勤・通学者）の割合が非常に高いこと、明石市はそれに加えて第二次産業従事者の割合も若干高いことなどが挙げられる。

ただ、メディアであまり注目されていない自治体でも人口規模が大きく出生率が高い自治体はたくさんあることは、すでに見てきたとおりである。グループ４、すなわち人口規模、人口増加率、出生率の３点いずれにおいても上位25％に入る自治体群の中に、明石市や流山市は入っていない。しかし、おそらく自治体の長の個性もあると思われるが、これらのケース、特に子育て支援政策がメディアでは頻繁に取り上げられる。これに対して愛知県日進市《にっしん》（出生率１・85）や滋賀県守山市（同１・71）に注目が集まることはほぼない。若干のバランスの悪さがここにはある。

もちろん、自治体の子育て支援には重要な意味がある。明石市や流山市の出生率が比較的高いことは、たしかに子育て支援が充実していること以外の理由も大きいはずだが、それでも現にたくさんいる子育て世帯の生活を支援することは、出生率の向上を促すのかどうかを離れても大事な政策課題である。つまり、仮に子育て支援に出生率を上げる効果が小さくても、それは依然として重要な課題になりうる。日本の出生率が2を超えたら子育て支援はもうしなくてよい、と考える人は多くないはずだ。

この問題に加えて、あらためて確認しておきたいのは、子育て支援に熱心な自治体についての一部での混乱した評価である。すなわち、「子育て期の世帯がそういった市町村に移住した結果、出生率が上がっているのであって、日本全体では何も変化しない」「子どもの奪い合いだ」という否定的見方がしばしばなされることがある。

結論から言えば、こういった見方があてはまるかどうかは、ケース・バイ・ケースである。以下のような単純化された例で考えてみよう。

まずは、ここであらためて合計特殊出生率について説明しよう。合計特殊出生率とは、ある年のある年齢の女性が出産した子どもの数の平均を、年齢分（15〜49歳）だけ合計した数値である。たとえばある年に20歳の女性が100人いて、3人の出生があった場合、その年の20歳の出生率は0・03になる。仮に全年齢においてこれが同じだったとすれば、合計特殊出生率は0・03×35＝1・05になる。もちろん実際には年齢ごとに平均の出生数は異なる。

２０２０年であれば、日本全体の29～32歳では平均出生数はいずれも０・10（10人に一つの出生）である。40歳になると０・03とかなり小さくなる。いずれにしろ、年齢分の平均出生数を足し合わせるという手続きは同じである。

以上を踏まえた上で、議論を単純化するため、合計特殊出生率と出生数が全く同じ二つの自治体について、仮の数値で考えてみよう。以下「10人↓10人」とあるのは、「10人の女性から10の出生」という意味である。

・自治体Ａ：22人　20代10人↓10人、30代12人↓６人
↓出生率は１・５、出生数は16人
・自治体Ｂ：22人　20代10人↓10人、30代12人↓６人
↓出生率は１・５、出生数は16人

ここで、自治体Ａから自治体Ｂに子育て世帯が引っ越しをしたとしても、これら自治体の出生率も出生数も変わらない。出生は出生のあった自治体で登録されるからである。ただ、子どもの数には変化が生まれる（自治体Ａは子どもが減り、Ｂでは増える）。

では、出産前に30代の6人が自治体Bに移住して、その後に出産したとしよう（ケース1）。

○ケース1

・自治体A：16人　20代10人→10人、30代6人→3人

→出生率は1・5、出生数は13人

・自治体B：28人　20代10人→10人、30代18人→9人

→出生率は1・5、出生数は19人

以上のように、A、Bとも合計特殊出生率には変化がない。移住した人もしなかった人も、出産の予定が同じだった場合にはこうなるのだ。ただし、出生数は変わる。右記の例だと、自治体Aの出生数は16人から13人に減り、自治体Bのそれは16人から19人に増える。AとB全体の合計特殊出生率（1・5）と出生数（32人）に変化はない。このようなケースは、自治体Bに移住できる人でも、できない（あるいは、したくない）人でも出産予定/意欲はみな一緒で、ただ一部が（転出費用をまかなえた、条件が合致したなどの理由で）転居した、

という場合に生じる。

他方で、移住が合計特殊出生率を変化させることもある。出産意欲あるいは出産予定のある人だけが移住する場合である。自治体Aの30代12人は、結果的に期間内に6人の出産をするが、これが不均等に分布していて、出産意欲が小さい／予定がない6人は計2人、残りの6人は計4人の出産をするとしよう。後者のみが自治体Bに移住すると、以下のようになる（ケース2）。

○ケース2
・自治体A：16人　20代10人→10人、30代6人→2人
→出生率は1・3、出生数は12人
・自治体B：28人　20代10人→10人、30代18人→10人
→出生率は1・6、出生数は20人

※ただし、小数点2桁以下は四捨五入。

この場合には、出産意欲が高い／出産を予定している30代の6人が自治体Bに移住したた

め、自治体間の合計特殊出生率に差が生じる。移住元の合計特殊出生率は下がり、移住先では上がる。出生数の差もより大きくなる。ただ、ここで気をつけるべきことは、自治体合計の合計特殊出生率と出生数はこの場合も同じだ、ということだ。

要するに、次のようなことが導ける。まず「子育て期の世帯が特定の市町村に移住した結果、その市町村の出生率が上がっている」というのは、出産意欲が高い、出産予定の子どもの数が多い世帯が多く移住していて、低い世帯が残る場合には、あてはまる（ケース2）。そうではない場合には、あてはまらない（ケース1）。子育て世帯の優遇や子育て支援策に惹《ひ》かれて移住をする場合、ケース2のパターンになる可能性が高い。

いずれにしろ、移住があって移住先の出生数（人口）が増えたからといって、出生率に差が出るかどうかはわからない。さらに、「日本全体では出生率も出生数も同じだ」というのは、いずれの場合もあてはまる。「日本の中での子どもの奪い合い」というのも、いずれの場合でもあてはまる。このような数値の特性は、直感的には理解しにくいかもしれないため、このように整理してみることが必要だ。

自治体間の移住をどう理解するか

自治体独自の少子化対策が日本全体の出生数・出生率を上げることがあるとすれば、最初から出生意欲が高い人、出生予定の人がそこに移住するのではなく――つまり自治体が出生意欲の高い世帯を「惹きつける」だけではなく――そういった対策がなかった場合よりもあった場合のほうが出生が促されるような場合である。これは最初からそこに住んでいた住人についてはもちろん、移住してくる住人についてもあてはまる。たとえば東京都内に住んでいた世帯が、そこに住み続けていた場合よりも郊外の自治体に移住したほうが予定する子どもの数が増える、といったケースである。

確認したように、すでに予定していた子をもったあとで、住居費や広さを考えて職場から少し遠い自治体に引っ越しをするという場合には、出生率・出生数は移住元の自治体でカウントされるが、移住先の人口を増やす。極端な話、出生率・出生数が極めて小さくとも、移住によって人口が増えることはある。少なくともすでにとりあげた都市圏のベッドタウン型の地域については出生率が高い自治体が多い。つまり、子をもつ予定の夫婦が出産前から――おそらく結婚を機に――駅前のマンションなどに転居してきたことが推察される。

移住が単なる自治体の人口増加だけではなく追加の出生増効果をもたらすことは十分に考えられる。都心では住居のコストが高く、また狭い。通勤しやすいベッドタウンへの転居はこの問題を解決する。こういった理由から、子育て世帯の移住は、自治体の子育て支援策の違いがあってもなくても、常に発生してきたものだ。東京都心からアクセスのよい千葉県や埼玉県の市への移住、住居コストが高い京都市から滋賀県（草津市など）への子育て世帯の移住がいい例である。

ここで「移住を容易にする」ことが日本全体の出生率の向上につながりうるということは、自治体の政策においてどのような意味を持つだろうか。

京都府、特に京都市は東京都と同じく低出生率であることを重要な解決すべき問題として認識してきた。京都市の場合、子育て予定の世帯が毎年大量に滋賀県や大阪府に転出してしまう。これをいかにして抑制するのかが課題として挙げられることもある。しかし、問題はその「転出の抑制」にある。子育て予定の世帯がもし何らかの理由で住居コストの高い京都市内にとどまらざるを得ない場合、結果として出生数を減らす可能性もある。国全体の出生率を考えた場合には、移住はむしろ促進すべきなのだ。

問題は地域の歳入である。自治体の歳入にもいくつかのものがあるが、まず固定資産税は地価の高さや事業所の設備により決まる。地方法人税は、全体としては第二次産業の事業所の数が影響する。これらの場合、人口減少がにわかに歳入減につながるとは限らない。実際、自治体の出生率と一人あたりの歳入とのあいだにははっきりとした関係が見られない。しかし住民税は住人の所得から得られるわけで、人口減少が歳入減少につながる可能性は予測できる。

とはいっても、「あらゆる自治体において住民と職場（事業所）の両方がバランスよく配置されているべきだ」と考えることは非合理的であろう。住民税を重視する自治体もあってよいが、法人・事業所からの歳入を重視する自治体もあってよい。その意味で、国の少子化対策を、地域ごとの取り組みの集積として――つまり各自治体の独自の取り組みの結果として――考えることはできないし、そうすべきではない。ましてや、競争原理を活かして住民獲得競争を無思慮に焚《た》きつけることも、住民を子育て環境に向いていない土地にとどめてしまうことになりかねず、非効率的である。移住が不可能な場合、子どものいない世帯は職場に近くて比較的狭く価格が高い住居のある都心部に住み続ける必要があり、出生数は減るだろう。移住が可能であることによって、出生数は増えているのである。

このとき、住居費が安い、子どもを遊ばせやすいといった環境要因のみならず、自治体の子育て支援の充実もまた移住先の判断材料になるだろう。ここではたしかに自治体間の「競争」が有効に機能する余地はある。もちろん、先の考察からわかるように、出産予定の女性のいる世帯が移住することを決め、その際に子育て支援が充実した自治体を「選ぶ」ということだけだと、日本全体の出生率の向上には結びつかない。移住が日本全体の出生数を上げるためには、移住が容易で、それが仕事上の利便性を大きく損ねないこと、そして移住先の選択が出生数に影響することが必要になる。つまり、出産・子育てにあたって都心部から郊外への移住を検討している世帯が移住を実行しやすいこと、そして、ある自治体ではなく子育て支援が充実している自治体を選択することが、追加的な出生数の増加に結びつくのでなくてはならない。

まとめよう。国全体の出生率を考える場合、自治体間の移住は出生を促す要因として捉えるべきである。移住の選択を容易にする条件には、都心部の職場への通勤が楽であること、自治体の住宅取得支援があることなどが挙げられる。

通勤の利便性は、男性のみが稼ぎ手であった時代と同じように考えてはならない。基本的には、鉄道や自動車の交通網整備や駅近の住居建築が重要だ。特に共働きが増えるにしたがい、夫婦ともにそれなりに離れた場所に通勤をするケースも増える。したがって大都市圏では比較的都心に近い地域での、駅に近いタワーマンションの需要が高くなる。共働きのために通勤時間を節約する必要があるからだ。武蔵小杉駅のある川崎市中原区や、東京都でも江東区の人口が上昇してきた背景である。当然ながら、これらの地区では流出人口割合が高い。中原区では47・8％であり、ウィークデーには実に人口の半分近くが通勤・通学で他の地区に移動する。

また、移住が出生率を増やすのかどうかは、ある自治体ではなく別の自治体に転出することが、追加的な出生に結びつくかどうかにかかっている。自治体の子育て世帯への支援が、日本全体の出生率向上という点で持ちうる効果を知りたいのならば、近隣自治体と比べてどれくらい子育て世帯の移住が多いのかではなく（これだと単なる奪い合いになって出生数・出生率は同じ）、他の自治体に移住した同様の（つまり当初は同じ数だけ子をもつ予定だった）子育て世帯と比べて、移住の結果、出生数の差が生じているのかどうかを測定しなければならない。ただ、これは通常の統計データを使うだけだと難しい推計だ。

留意点もいくつかあった。こういった移住の誘導は移住先の自治体の負担を大幅に増やす可能性がある。子どもが増えれば、自治体はただでさえ充実した子育て支援の財源をさらに確保し、保育所や学校を新設しなければならない。義務教育の学校（小中学校）は、国からの支援もあるが、設置自体は基本的に市区町村の負担であり（設置者負担主義）、人件費は都道府県の負担になる。

市区町村内に子どもあるいは子育て世帯が増えることは、ある意味では地域活性化につながり、自治体の財政にもプラスの影響はあるが、子育て支援の支出もあり、そのバランスは自治体ごとに異なってくる。コストをかけた子育て支援を通じて生まれ育った子どもが、結婚後に住居あるいは就業先の不足のために他地域に転出してしまい、地元にお金を落とさない、といったことも考えられる。

移住しなくてよい状態は可能か?

以上、都心部から近隣自治体への子育て世帯の移住に焦点をあてて話をしてきたが、出生率と関連するもう一つの移住に話を戻そう。すなわち、出生地あるいは出身地の地方から、都市部への移住、特に若い世代の移住である。

自治体が人口を維持するために必要な要件は、自治体ごとに異なる。ただ、「基本」に立ち返ることは常に重要だ。農林水産業などを除けば、仕事は都市部か、そうではない場合には特定企業の本拠地や工場のある自治体に集中している。すでに見たように、大規模な工場などの事業所がある自治体は、出生率が高く、また人口も増えている。しかし製造業がこの先も継続的に雇用を提供できるかどうかは不明だ。高出生率、人口増加、人口規模の大きさの三つがそろっている自治体が集中している愛知県東部は自動車産業によって支えられているが、世界的に進むＥＶ（電気自動車）シフトの影響を受けて雇用が縮小する可能性もある。

人口はつまるところ、いかに自治体あるいはその近隣に仕事を創出できるかにかかっている。いくら子育て支援が充実しているとしても、自治体内あるいは通勤圏内に働き口がなければ結婚もできないし、移住も考えにくい。自治体とて、子育て世帯の生活を丸抱えするわけではないからだ。たとえば出生率が高く、子育て世帯への支援が充実している岡山県勝田郡奈義町《なぎちょう》では、官民連携で就業の受け皿づくりも行っている。

自治体のデータで見てきたように、西日本、特に南九州と沖縄には出生率が高い地域がたくさんある。しかしグループ２の自治体において典型的だが、出生率が高くとも人口減少が進んでいる。それは、その自治体で生まれ育った人が進学や就職で他地域に転出しているからだ。地域に残った女性の出生率は高いが、転出する女性も多いため、「分母」が減ってしまっているのだ。

第２章で述べたように、日本の場合には結婚すれば多くの人はそれなりに子どもをもつ。転出先が都市部でも、安定した仕事があれば、結婚して近郊の出生率が高い自治体に移り住み、日本全体の人口は維持できるだろう。しかし安定した仕事がなければ、独身のまま出生率が低い都心部に居住する場合も多い。

生まれ育った場所には、親や知り合いも多く、近隣ネットワークもそれなりに充実していることが多いだろう。そこをあえて離れるのには、しがらみを脱したい、都会的な生活をしたいなどの理由もあるだろうが、第一にはやはり働き口がないからである。

政府は、都心部への人口集中を抑制するためにさまざまな「地方創生」の取り組みを行ってきた。最近だと、２０１８年に成立した、東京23区内の私立大学の定員増を抑制する法制がある。しかし特に首都圏の一極集中は止まっていない。すでに見てきたように、第二次産業の事業所であれば、都市部ではなくともその地域の出生率や人口増加を生み出すことができる。しかし、これからの日本でこういった事業所がどんどん増えていくとは考えにくい。

もちろん、前述のＴＳＭＣの工場を誘致した熊本県菊陽町のケースなどは注目に値する。しかし冷静に見て、第二次産業による雇用拡大にはそれほど期待できない。やはり金融や情報通信、サービスが集中する大都市部が提供する雇用のほうが規模が大きい。基幹産業の雇用があれば、雇用された人たちのニーズを満たすためのさまざまな生活サービス（飲食、小売、医療、娯楽など）の雇用が波及的に生まれる。後者では賃金があまり高くないが、共働きであれば世帯を形成できるだけの収入が得られる可能性は高まる。

地方に事業所を移転することが難しい場合、大都市に事業所が集中していながら雇用を地方に分散させるしかない。リモートワークはそのための切り札になりうる。しばしばリモートワークは、都市部に居住している人が地方に移住する方法として注目されるが、共働きの場合など、家族そろっての移住は難しいかもしれない。生まれ育った地方にいながら、都市部の事業所に雇用されるライフスタイルが多くなれば、地域での生活メリットを享受しながら、相対的に高い所得を得られる。西日本など、もともと出生率が高いところで転出による人口減に悩んでいるような場合、現地にいながら家族をつくれるようになれば、転出を減らす効果も期待できる。

もとより、有効な少子化対策を考える際の出発点は、シンプルな答えなどないこと、自治体の多様性に応じたオリジナルの答えを見つけていく必要性を踏まえることにある。子育て支援が優先的課題になるケースもあるだろうし、別のことがもっと大事になるケースもある。本章で説明した実情を踏まえつつ、各自治体がオリジナルの政策パッケージを立案することが重要になる。

第4章

グローバルな問題としての少子化

少子化対策の背景はいろいろ

第1章で述べたことを思い出してほしい。わかりやすく言い換えれば、少子化問題への対応において、直近の最優先課題は必ずしも出生率を上げることではない、ということを述べた。社会保障制度の維持や地域の人口減少の課題（行政サービスの低下など）という目標において、出生率・出生数の維持や上昇は、長期的には意味を持つだろうが、効果が出るまでのタイムラグ（長ければ30年以上）を考えると、他に急いでやるべき対策が多いことにはすぐに気づくはずだ。

地域ごとの課題のあり方も異なる。西日本では出生率が高い自治体が多く、課題はどちらかと言えば転出の抑制にある。東日本では転出も多いが出生率の低さもある。第3章では、自治体の出生率に注目する中で、鍵は雇用、住居コスト、通勤の利便性などにあることを指摘した。このうち雇用あるいは一般的に「働き口」は、同じ国の中の移動のみならず、国境を越えた人の移動をも生み出す。

本章では、以上のような人口をめぐる地域間の違い、そして人の移動という論点を念頭に置きつつ、少子化問題をグローバルな視点に位置づけてみよう。

少子化はほぼすべての経済先進国において問題となっていることは第1章で確認した。もちろんフランスなど比較的高い出生率を実現している国もあり、それをお手本にすればよいのではないか、という声もしばしば聞かれる。

ただ、少子化の背景やそれへの取り組みには、国によってバリエーションがある。ある処《しょ》方箋《ほうせん》があらゆる国において実現可能あるいは有効であるとは限らない。結論から言えば、少子化対策はその国のオリジナルになるしかない。このことを、家族政策や移民の観点から説明してみよう。

ある地域や国の人口規模を何らかの理由で増やしたい場合、形式的には出生率を上げるか、死亡率を減らすか（自然増）、あるいは流入（社会増）を促すか、といったやり方がある。式の上では、

ある地域の人口＝（出生数－死亡数）＋（流入数－流出数）

となる。数字だけ見れば「出生数が減ったのなら流入数を増やせばよい」となるが、もちろん話はそれほど単純ではない。何より、人口を維持したい、あるいは増やしたい「理由」

に応じて、とることができる手段は異なってくる。

第1章で述べたように、フランスの少子化対策の出発点の一つは戦争であった。隣国（ドイツ）と比べて若い男性が少なく、兵力で劣っているという認識が、出生力促進政策を後押ししたのである。そのため、フランスの少子化対策には今でも、子育て支援という意味とは別の出生力促進という意味が込められている部分がある（このことについては次章で触れる）。

同じく家族政策が出生力促進の意味合いを強く持つのはイスラエルである。出生率が唯一、人口置換水準を超えている――超えているどころかそれよりずっと高く、近年でも3を超えることもあった――イスラエルだが、出生力促進政策の理由は、やはり安全保障上の問題にある。どこまでをイスラエルの領土だと考えるかにもよるが、国内のアラブ系住民の数は2～3割ほどにも及んでいる。概してアラブ系住民のほうが出生率が高いため、ユダヤ人としては「国家安全保障」上の関心からユダヤ系住民の出生数を増加させたいのである。

このように自国あるいは自民族の兵力や政治勢力を増すことが少子化対策の目的である場合、それを海外の、特に異なる民族の移民の受け入れによって解決するという考え方にはなりにくい。したがって、まずは人口の自然増加を促す政策を展開することになる。

これに対して、労働力不足に応えるという課題がある場合には、出生数を増やすという手段の優先度はかなり低くなる。労働力不足が生じる理由にはさまざまなものがあるが、いずれにしろこの問題に対して出生数を増やすという手段をとったとして、それが成果として現れるのは早くて十数年後である。労働需要はもっと短いサイクルで変動するものなので、労働力の変動に対応する手段としての少子化対策は、たいていは話にもならない。

あとで見ていくが、多くの国は国内の労働力不足の問題に対して海外からの短期労働者の受け入れによって対応している。結果として人口が増え、また出生率も若干上がる可能性はあるが、それはあくまで副次的な結果であって、政策の目標ではない。移民と出生率の関係でいえば、あとで述べるように「移民の受け入れによって少子化を解決する」ことが目指されるのではなく、「少子化の結果として労働力不足が生じ、移民の受け入れが促される」というほうが実情に近い。

何らかの理由で移民による人口増加に頼れない場合、自国民の出生を促す政策が模索される。ただ、この政策のあり方もまた国によって多様である。というのは、出生率を決める要因も、出生をめぐる社会的状況も、国によって全く同じであるわけではないからだ。

婚外出生と子どもの格差

経済先進国において、経済発展とともに出生率が低下する理由には、ある程度共通するところもある。まずは衛生・栄養状態の改善によって死亡率が低下し、多くの出生を必要としなくなったことが挙げられる。次に、産業の高度化によって子どもにかけるべき養育・教育コストが高まったことがある。さらに、女性の職場進出によって子育てとの両立が難しくなった。これら三つが、先進国における出生率低下の大きな共通点である。子育て支援政策は、このうち二つ目と三つ目の要因に焦点をあてたものである。

これより他の要因になると、多かれ少なかれ相違点が現れてくる。

まずはアメリカだが、アメリカでは日本やドイツほど「少子化問題」が政治の中心的議題になることはない。受け入れる移民がいまだに少なくないこともあるが、アメリカにおいて出生をめぐる問題として深刻に考えられているのが、その数ではなく子どもの生活環境にあるという理由も大きい。日本では、少子化対策の文脈で経済格差が目立った政治的議題になることはないが、アメリカでは違う。

アメリカの社会学や人口学の分野では、子どもが直面する格差の状態をdiverging

destinies*と呼ぶことがある。アメリカで生まれる子どもが直面する格差には、経済環境や教育環境、医療へのアクセスなどさまざまなものがあるが、特に人々が関心を持つのは家族環境である。

＊訳しにくいが、「運命の格差」といったニュアンスであろう。アメリカの社会学者サラ・マクラナハンが２０００年代前半から広げた概念である。この枠組みが日本においてどの程度適用できるのかどうかを含めて、以下の文献が参照できる。Raymo, James, and Miho, Iwasawa (2017) *Diverging Destinies : The Japanese Case*, Springer.

アメリカでは、学歴の高い女性は多くの場合、法律婚に基づいた経済的に裕福で安定した家庭を築き、その子どももそういった環境で生まれ育つ。婚外子であっても、そういった女性の子どもならば安定した事実婚関係にある親のもとで生まれ育つ。しばしば親は一定の両立支援プログラムを持つ企業に勤めており、子育てにかける時間もある。忙しい場合でも、家庭内労働者（ドメスティックワーカー）やベビーシッターを雇用する経済的なゆとりがある。

これに対して学歴や所得水準が低い女性の子どもは、圧倒的にシングルマザー家庭あるいは不安定な事実婚関係のもとで育つケースが多い。親が賃金率が低く雇用条件も悪い仕事に就いている場合は特に、子どもの教育にかけるコストも時間も少なくなる。アメリカでは、家族が受ける医療サービスは稼ぎ手が勤める会社が提供する保険に頼るケースが多く、国全体では医療保険が整備されていないため、健康の面でも子どもは不利になる。こういった「子ども格差」は、本人たちにとって将来的に大きな格差を生み出す根本原因になっている。格差が「destiny（運命）」という言葉で捉えられているゆえんである。

日本での婚外出生の割合は、他国に比べるとまだ小さい（図表4-1）。推移を見ると（図表4-2）、最も低かったのは1970年代で、そこからは増加傾向にあるが、それでもアメリカやヨーロッパの国に比べると10分の1に満たない水準である。

婚外子の少なさはたしかに日本の特徴である。第1章で述べたように、日本では結婚（法律婚）と出産が結びついている。したがって婚前の妊娠がある場合でも、出産をきっかけとして法律婚をするケースや、あるいは法律婚が予定されている状態（婚約期間）における妊娠が多い。

出生率が日本よりも高い欧米諸国では婚外子が多いため、日本国内でもしばしば「出生率を増やすには婚外出生を増やすことが手段になりうる」という意見を聞くことがある。

図表4-1　婚外出生の割合

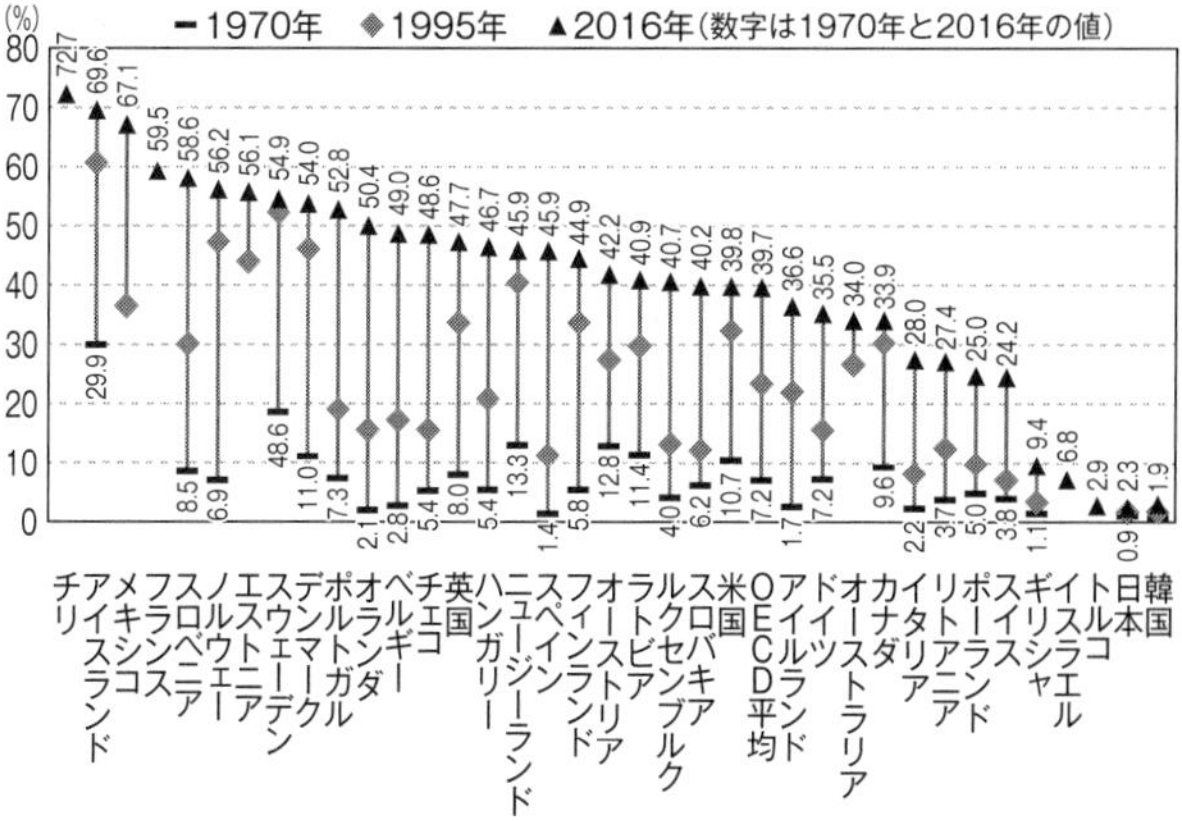

注：該当年のデータが得られない場合は近隣年次の値で示している。OECD (2018), "Share of births outside of marriage" (indicator), OECD Family Database (https://stats.oecd.org/)
出所：OECD, Trends Shaping Education 2019。

図表4-2　日本の婚外出生率の推移

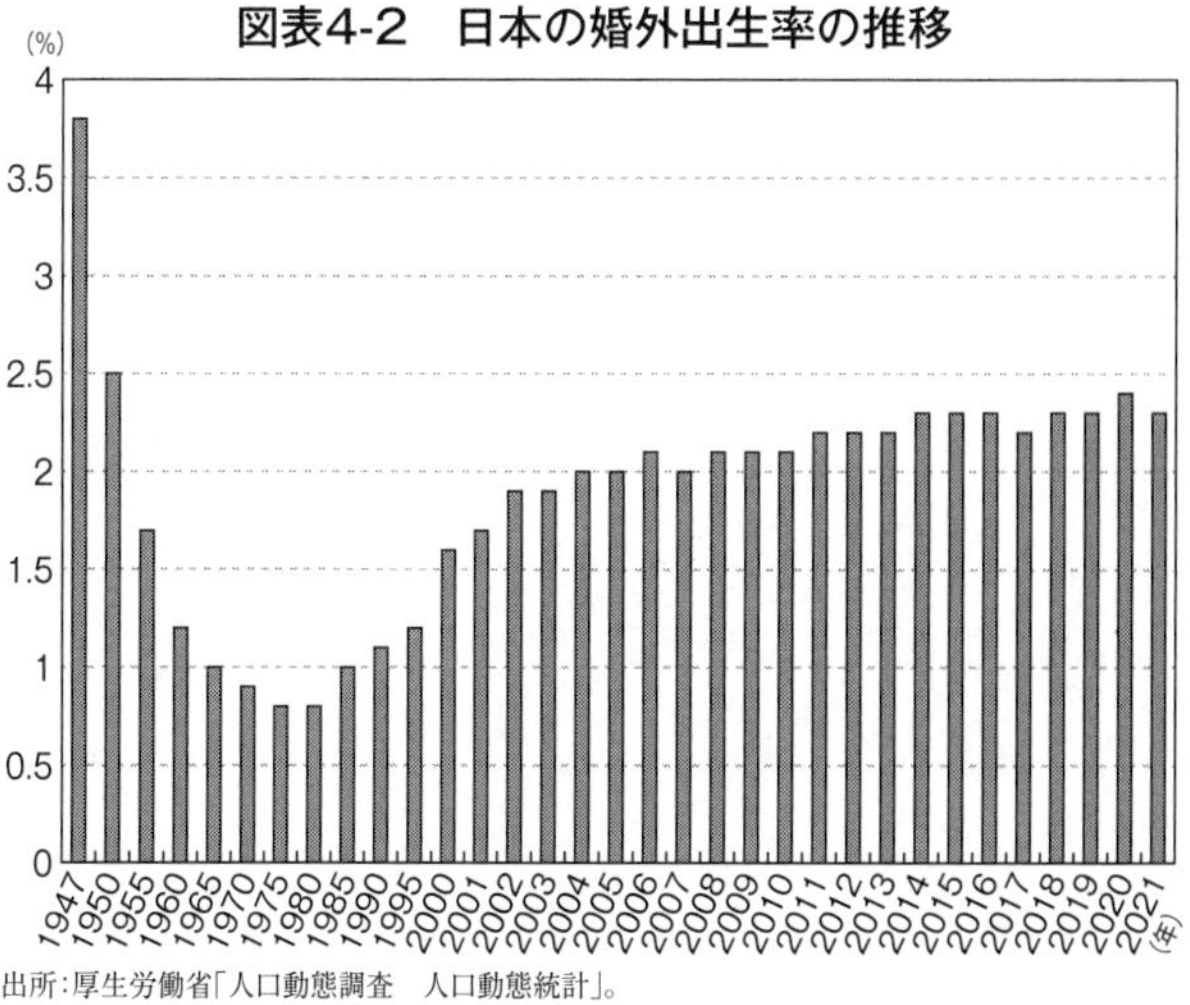

出所：厚生労働省「人口動態調査　人口動態統計」。

「婚外出生」をめぐる誤解

ただ、この見方は二つの点においてミスリーディングである。

まずアメリカにおいては、婚外出生は子どもの格差と結びつく深刻な問題として理解されている。したがって「出生率対策として婚外出生を増やす」という意見をそのままアメリカの政策担当者に聞かせれば、間違いなく戸惑うはずだ。日本では、若者の経済格差が未婚化と結びつくことで「子をもつことの格差」として現れることはあるが、アメリカのように「子の側の運命的な差」として理解されることは、現時点ではそれほどない。

次に、アメリカとは婚外子をめぐる状況が異なるヨーロッパ諸国ではどうだろうか。ヨーロッパでは、必ずしも婚外子が婚内子に比べて著しく不利なスタートラインについているわけではない。

2018年時点では、フランスで60％、EU（欧州連合）平均で42％の出生が婚外で生じたものだ。ただアメリカと違い、婚外子の多くがシングルペアレント世帯で育つわけではなく、多くは比較的安定した事実婚カップルのもとで、法律婚カップルと同じような環境で育っていく。フランスには、事実婚（同棲）カップルの税制優遇のための登録制度であるPA

ＣＳ（民事連帯契約）があるが、ＰＡＣＳ導入前後の時期で、父から認知されない子の割合は６％程度であった。*

*Claude Martin, Irène Théry (2001) "The PACS and marriage and cohabitation in France" *International Journal of Law, Policy and the Family*, 14(3): 135-158.

ヨーロッパで事実婚・同棲が増加した理由にはさまざまなものがあるが、主なものは、法律的に結婚しなくても特に困らないこと、婚外子差別の（制度的、社会意識的）弱まり、そして国によっては離婚がしにくいことなどがある。欧米では、同棲はカップル生活の「お試し」のような意味が持たされているが、それは法律婚の解消は事実婚の解消よりもかなり面倒であることが多いからだ。そのため、第１子を出産してそれでも「やっていけそう」と考えたカップルが、第２子の出産の前に法律婚に移行する、というケースも目立つ。

もう一点、多くの日本人が知らないことがある。日本では、結婚もその解消も極めて自由である、ということだ。離婚に際しては、届け出人２名と証人（協議離婚の場合。18歳以上であれば誰でも可）２名の署名があれば有効な離婚届が完成する。これに対してキリスト教圏、特にフランスでは、離婚に際しての手続きがかなり煩雑である。フランスでは日本と違って、離婚に際しては裁判所の許可が必須である。そもそもキリスト教において結婚は秘跡（sacrament、礼典とも）として大きな意味を持たされており、日本と違って離婚が厳しく制限されてきた歴史があることが背景にある。キリスト教式の結婚式における「健やかなるときも病めるときも、富めるときも貧しいときも、共に助け合い……」といった宣誓は、日本人ならば形式的な儀礼のように理解している人もいるだろうが、キリスト教圏の人々にとってはそれなりに実質的な重みが与えられている。

このような結婚の重さがあるがゆえに、逆に関係の解消の可能性を見据える場合に事実婚という選択肢が必要になってきたのである。

以上のように、ヨーロッパ諸国で事実婚が、したがって婚外出生が増えてきた背景には、婚外子差別の（制度的、社会意識的）弱まりや男女経済格差の縮小、そして離婚のしにくさがある。日本でも婚外子に対する相続差別は撤廃されたが、まだまだ「婚外子は不利」という認識は大きい。「欧米では婚外子が増えているわけだから日本でも増やせ」という考え方は、「法律婚外でも子が安定して生活できる環境整備をすべき」という意見としては筋が通るが、「とにかく増やせ」という考え方には意味がない。

要するに婚外出生の増加は、どの国においても結果なのであって、何らかの目標、たとえば出生率向上の手段ではないのだ。アメリカでは婚外子増加は若年者の格差の結果であるが、この問題を緩和するには経済・医療格差の圧縮が必要である。ヨーロッパでは婚外出生の増加は差別や男女格差の縮小、そして離婚のしにくさの結果である。日本では離婚が容易であり、その点ではあえて事実婚にとどまる理由が少ない*。

＊ただ、留意点が二つある。一つは、日本においては事実婚を選択する理由として強制的夫婦同姓があるが、欧米ではそれがないこと。もう一つは、日本の離婚のしやすさは、離婚後の子どもの生活にとっては必ずしも有利にならない場合があることである。つまり、養育費などの親子関係をめぐる取り決めがきちんと取り交わされないままに離婚してしまうことが多いのだ。

いずれにしろ、何らかの手段として婚外出生を増やすという政策を打ち立てるという動きは、意味的に理解しにくい。

少子化と移民の関係

しばしば「少子化で人が減っているのだから、海外から移民を受け入れるしかない」といった声が聞かれる。わかりやすい主張だが、ここにもいくつか整理すべき論点がある。概して少子化と移民問題については、他の少子化に関連する論点以上に、メディアでも一般の人々のあいだでもまだ理解が成熟しておらず、錯綜《さくそう》気味なところがある。

最初に確認すべきことは、国が移民を受け入れる目的である。さきほど触れたことに関わるが、「少子化しているから移民を受け入れている」国のケースはこれまでほぼなかったといってよい。そうではなく、足りない労働力がある場合、それを補うためにその都度、移民が受け入れられてきたのである。この事実は基本的な認識として真っ先に確認しておきたい。

そもそも少子化と労働力不足、そして移民の関係は単純ではない。出生力がそれなりに高くても労働力の不足は生じうる。生産力の拡大局面で工場労働者が不足する場合、子どもをケアする労働力が足りない場合などである。さらに、労働力が不足していても移民が発生しないこともある。国内の地域間移動で労働力をまかなえる場合である。日本の高度経済成長期では、都市部で不足する労働力を補ったのは地方の若年層であった。これに対して、同じ経済成長期に国内で労働力をまかなえなかったのがドイツ（西ドイツ）である。

かつての日本とドイツの経済成長期における状況を見る前に、現在の世界の移民について数字を見てみよう。図表4-3は、移民の割合と合計特殊出生率を国ごとに表したものだ。

図表4-3　合計特殊出生率と移民の割合

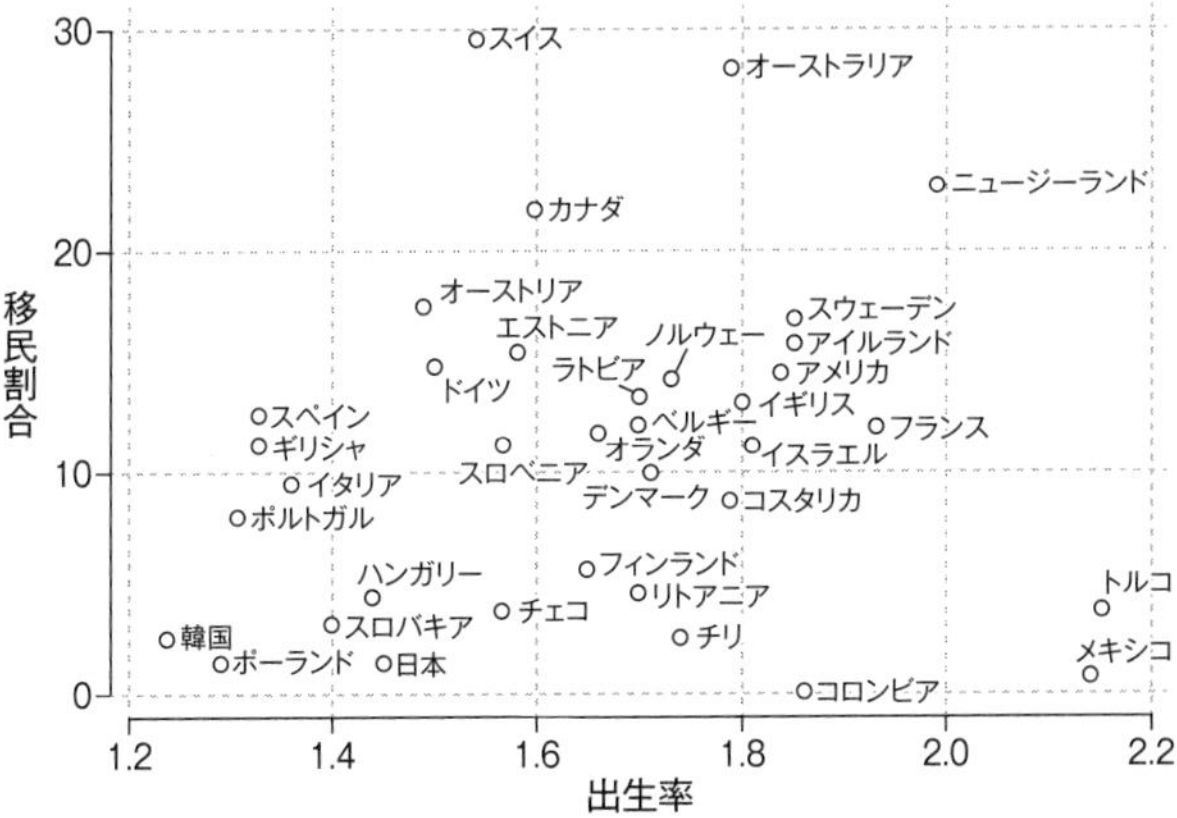

注:世界銀行World Development Indicatorsより。移民の割合は、ここではinternational migrant stockと言い、現在住んでいる国ではないところで生まれた人口あるいはその割合を指す(したがって難民も含む)。

ＯＥＣＤ加盟国については、合計特殊出生率と移民の割合にはそれほどはっきりとした関係はない。それどころか、トルコやメキシコ、コロンビアなど移民輩出国のケースを除けばどちらかと言えばプラスの関係、すなわち出生率が高い国において住民における国外出身者の割合が高い傾向も見いだせる。

図表４-３の数値における移民の定義は「国外で生まれた人」の割合であることに注意しておきたい。つまり、移民してきた人々（第１世代移民）が移民後にもうけた子ども（第２世代）は、この中には含まれていない。ここで低出生率・低移民割合の国（左下に位置する国）を見てみると、日本と韓国を除けば東欧の国（ポーランド、スロバキア、ハンガ

リー、チェコなど）が目立つことがわかる。これらの国はＯＥＣＤ加盟国ではあるが、全体的に失業率が高く、また所得水準も決して高くない。つまり労働力が国外に移動する圧力があり、逆に国外からの移民を惹きつける要素が少ない国なのである。

日本と韓国は必ずしもこのカテゴリーにはあてはまらないが、それでも国外出身者が少ない理由は何なのだろうか。その理由が、先に触れたものだ。すなわち、経済の拡大局面において特定地域（都市部や工業地帯）で生じた労働力需要を、国内の他地域からの人口移動でまかなうことができた、ということが大きい。そのために移民受け入れ体制が未成熟なままなのである。

もう少し詳しく見てみよう。日本の高度経済成長期、１９６０年の人口構成を見ると、現在とは全く異なり、20歳未満の人口の厚みが非常に大きかった（図表4-4上）。５歳刻みで見たとき、最も人口が多いのは10代前半で約１１００万人、次いで10代後半（約９４６万人）である。10代だけでなんと人口の22％ほどにもなる。これに対して65歳以上の高齢者は５・８％しかいなかった。高度経済成長期で旺盛な国内労働力需要があったのにもかかわらず、１９６０年前後までは日本はブラジルなど海外に移民を送り出していた。それほど若年層の人口が多かったのだ。

図表4-4　1960年当時の人口ピラミッド

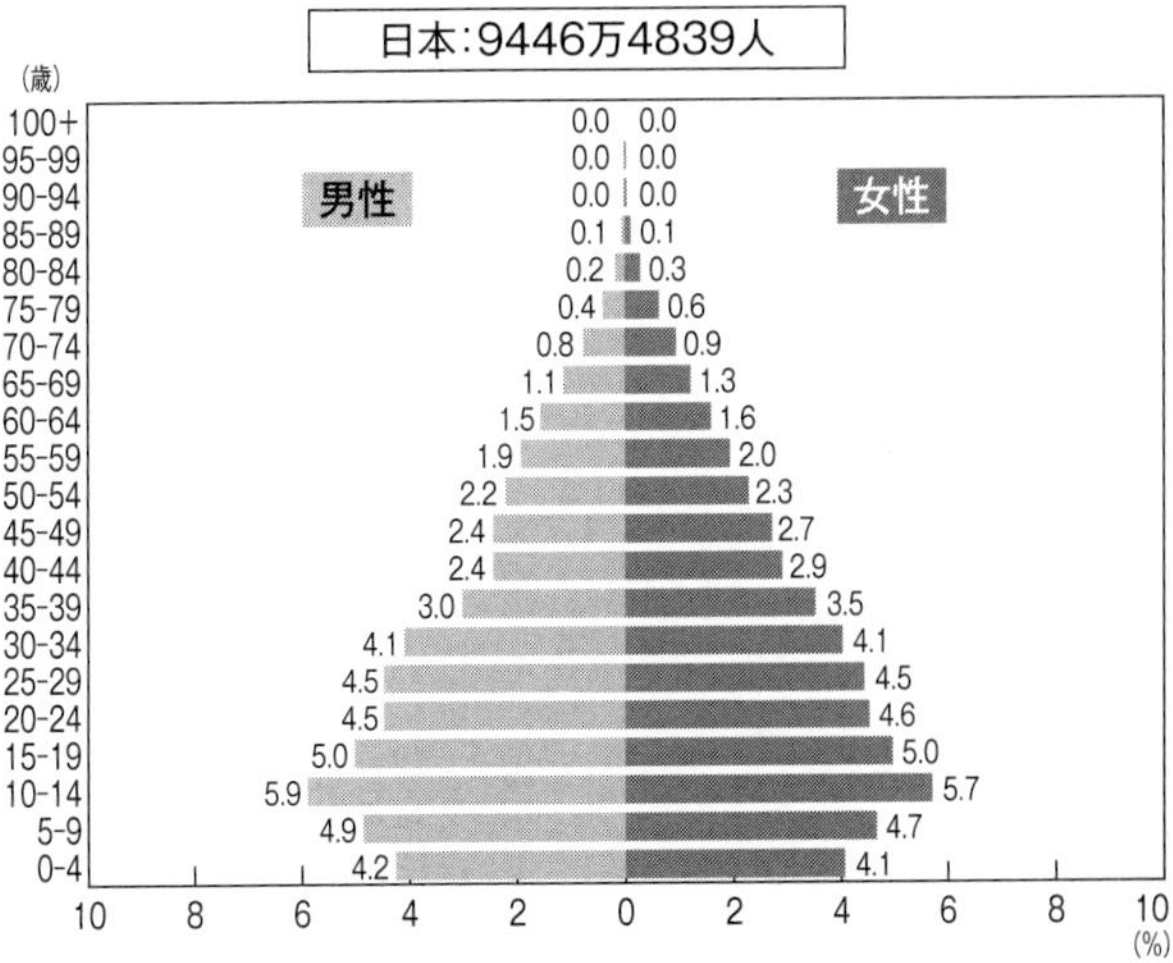

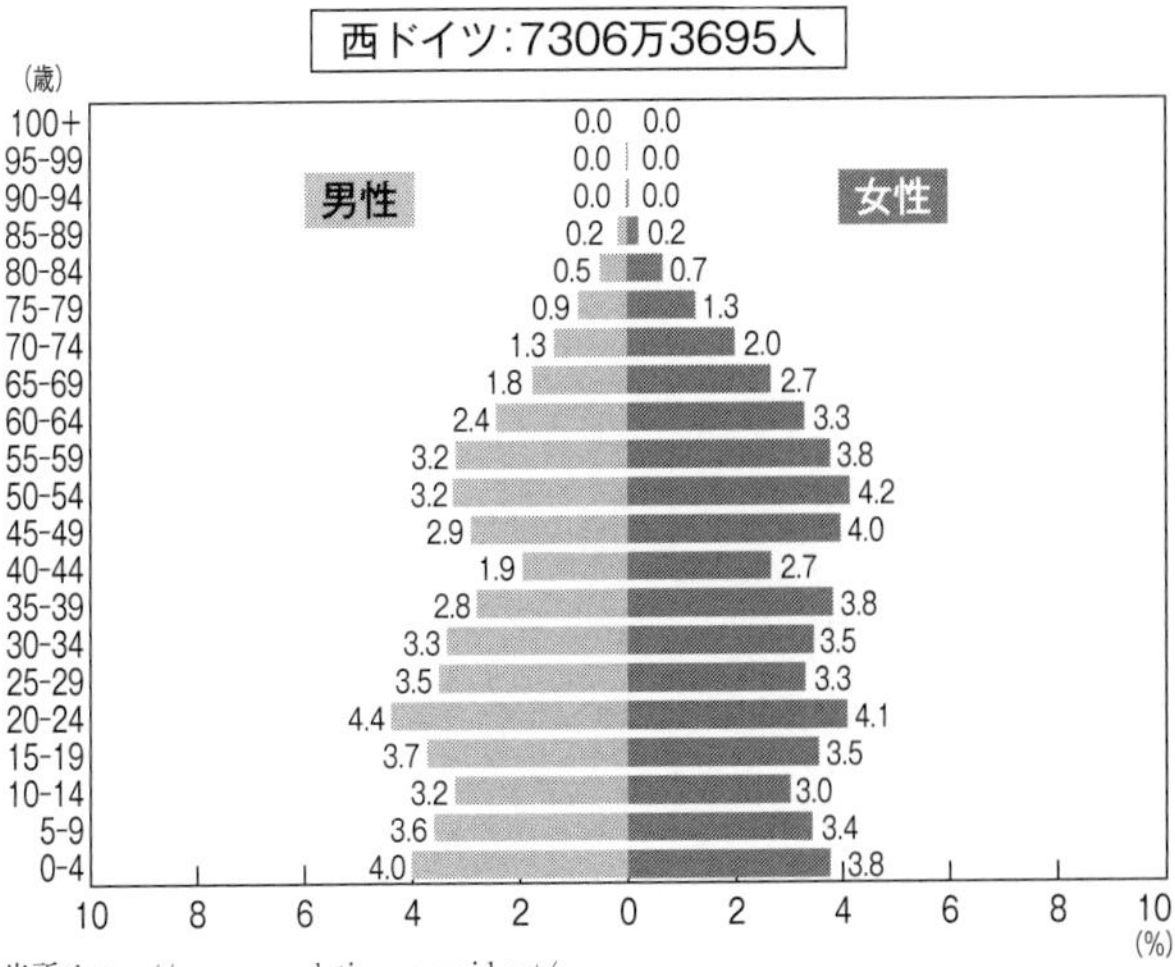

出所：https://www.populationpyramid.net/

韓国のＧＤＰが大きく伸びたのは１９８０年代だが、１９８０年の韓国の人口構成もかなり若く、やはり最も人口規模が大きいのは10代であった。現在の中国では、経済発展をしている地域（沿岸部の都市や工業地帯）に同じ国内の農村部からの人口の移動が可能であるため、海外からの労働力の移動が目立たない。

中国、日本、韓国のように経済成長期の旺盛な労働力需要を国内人口だけでは満たせない場合、海外からの移民に頼ることになる。その典型例が西ドイツである。

西ドイツは、１９５９年にタイム誌が「経済の奇跡」と表現したように、日本とほぼ同時期に急激な経済成長を経験した。しかし日本との違いもあった。図表4-4下にあるように、１９６０年代の西ドイツの人口ピラミッドは日本と全く形が違う。50代以上の人口も多く、これから労働力を担う若年の人口規模も大きくなかった。そこで西ドイツ政府は１９６０年前後にトルコなどとのあいだに2国間協定を締結し、有期滞在の外国人労働力の大量受け入れが始まった。ちなみに１９６０年代の西ドイツの出生率は２・５を超える年があるほどで、決して低くはなかった。

現在でも、中東の産油国では大量の外国人労働者を受け入れているため、人口に占める移民の割合は極めて高い。特にＵＡＥ（アラブ首長国連邦）、カタール、クウェートは顕著である。たとえばＵＡＥでは２０１５年時点で、国内人口に占める外国出身者の割合は88・4％にも及ぶ。[*]これらの地域へ移民を送り出しているのは、主に南アジア（インドやパキスタン）である。

＊データは図表4-3と同じ。

その他の欧米諸国でも、多かれ少なかれ不足した労働力を国外から受け入れることが普通であった。受け入れた労働力が有期で帰国するか、それとも定着するのかはその国の政策などに左右される。中東産油国では短期滞在の外国人労働者がほとんどだが、欧米諸国では多かれ少なかれ家族の呼び寄せや永住権の拡大が進められてきた。

移民受け入れによる人口増の影響が極めて小さい国には、たとえば中国やベトナムがある。中国やベトナムにおける海外生まれの人の人口は、２０１５年では０・07％ほどでしかない。日本はそれより割合が高いが、１・６％ほどである。

日本では高度経済成長期に、地方から都市部への大量の転入者がいたことを指摘したが、東京都は今でも東京都外からの出身者によって労働力をまかなっている。産油国やシンガポールなどと同じく、東京都は出身者のみでは労働力需要に応えることができない。外国からの労働者および同じ日本の地方生まれの人材を常に取り入れ続けているわけだ。

具体的に数字を見てみよう。２０１６年の人口移動調査によれば、東京都の住民のうち東京都出身者の割合は54・４％、したがって東京都外からの移入者の割合は45・６％である。*

*県外（現住所の都道府県以外）出身者の割合が最も高いのは東京都ではなく神奈川県（48・２％）である。また、東京都出身者も子育て期を中心に近隣に移住することが多いため、神奈川県・千葉県・埼玉県では、自県を除く都道府県の出身者の割合で最も高いのは東京都である（たとえば埼玉県住民の13・５％は東京都出身者）。

図表４–５は、ブロックごとの出身地の構成を示したものである。それぞれのブロックごとの対角線上の数字は充足率で、同ブロックの出身者が占める割合である。たとえば北海道の充足率は87・３％であるが、これは北海道の住民のうち87・３％が同じ北海道の出身であるということだ。東京圏と大阪圏では充足率はかなり低く、他のブロックでは８割以上が多いが、６割台となっている。*

*東京圏には埼玉県・千葉県・東京都・神奈川県が、大阪圏には京都府・大阪府・兵庫県が含まれる。

図表4-5　現住地域ごとの出生地の割合(%)

出生地	北海道	東北	北関東	東京圏	中部	北陸	中京圏	大阪圏	京阪周辺	中国	四国	九州・沖縄	計
北海道	87.3	0.9	0.7	2.1	0.5	0.4	0.7	0.4	0.5	0.2	0.1	0.2	4.6
東北	2.6	87.7	3.1	5.3	1.3	0.7	0.6	0.5	0.4	0.4	0.2	0.3	8.4
北関東	0.3	0.9	77.9	3.0	0.4	0.2	0.3	0.2	0.2	0.2	0.2	0.2	5.3
東京圏	2.6	3.1	8.2	67.0	3.8	1.8	2.0	1.9	1.2	1.5	1.0	1.8	21.4
中部	0.6	0.7	1.4	4.1	83.8	1.1	2.4	0.7	0.5	0.4	0.2	0.2	7.7
北陸	0.1	0.1	0.2	0.8	0.3	85.4	0.8	0.9	0.8	0.2	0.2	0.1	2.6
中京圏	0.3	0.2	0.4	1.4	1.3	1.0	78.4	1.7	2.0	0.5	0.4	0.5	8.1
大阪圏	0.3	0.3	0.6	2.8	0.8	2.2	2.8	69.8	15.7	3.0	3.0	1.6	11.6
京阪周辺	0.1	0.0	0.3	0.3	0.2	0.3	0.9	3.2	65.4	0.3	0.3	0.2	2.6
中国	0.2	0.1	0.4	1.6	0.3	0.6	0.8	4.4	1.9	82.3	2.2	1.3	6.3
四国	0.1	0.1	0.2	1.0	0.2	0.2	0.6	3.1	1.6	1.7	84.6	0.4	3.5
九州・沖縄	0.6	0.4	1.1	3.8	1.2	0.8	3.4	5.1	3.4	3.5	1.7	85.9	11.3
国外	0.9	0.5	0.7	1.4	1.0	1.1	1.1	1.6	0.8	1.1	0.6	1.2	1.2
他の都道府県(都道府県名不詳)	1.0	0.6	0.9	2.1	0.9	0.8	1.4	2.3	1.9	1.4	0.7	1.2	1.6
その他不詳	3.0	4.4	3.8	3.4	4.0	3.3	3.8	4.2	3.7	3.4	4.5	4.8	3.8
計	100	100	100	100	100	100	100	100	100	100	100	100	100

出所：国立社会保障・人口問題研究所「第8回人口移動調査」28頁より。都道府県別に設定したウェイト付きの集計結果。現住地が熊本県、大分県由布市のケースを除く。「他の都道府県（都道府県名不詳）」は、出生地の都道府県が現住地とは別の都道府県だが、都道府県名が不詳の場合。

ただ、これほど移住が発生していても、労働力需要のすべてを国内でまかなえるわけではない。東京都では現在でも住民の4％ほどが外国籍である。非都市部が国内に存在しないシンガポールの38％（2020年）と比べると低いが、それでも徐々に増えてきている。

第1章で人口規模と経済規模の国際比較の話をしたとき、「日本は全体では北欧諸国やシンガポールに平均所得水準が遠く及ばないが、東京都だけを取り出してみれば遜色がない」ということを指摘した。であるのなら、都市国家であるシンガポールのように東京都だけ独立してしまえば、非常に裕福な国ができあがる、と考えたくなる人がいるかもしれない。
シンガポールも東京都も低出生率の問題を抱えている。シンガポールの出生率は２０２２年で１・05と過去最低を記録した。東京都は同年１・04である。シンガポールは国内の労働力需要の多くを外国人労働者に頼っており、雇用者全体に占める外国人の割合は４割を超える。低出生率が慢性化しているため、将来的にこの割合が増えることはあっても下がることはないだろう。もっとも、在住外国人のうち永住権の保持者は１割ほどであり、中東産油国と同様、シンガポールはその都度の海外人材の入れ替えによって労働力需要を満たしてきたのだと言える。

ただ、国内での移動と国境を越えた移動では大きな違いがある。

最も違うのは移動のしやすさである。農村戸籍と都市戸籍が厳しく分けられている中国を除き*、通常の主権国家であれば、国民には移動の自由が保障されている。そのため、労働力の調整はまず国内で進む。ただし、国内各地の人口の所得格差がそれほど違わない場合には、国内の人口移動が発生しにくいこともある。家庭内労働者（住み込みや通いの家事労働者など）などは、賃金がそれほど高く設定されないため、自国民ではなり手が少なく、国外からの移民に頼ることが多い。

＊それでも都市部の労働力不足を補うために、政府は都市戸籍取得の条件を緩めるなどの制度改革を行っている。

これに対して国境を越えた移動には厳しい規制がかかることが多いし、また滞在には通常、滞在資格（査証〔ビザ〕）による制限がある。経済成長期にドイツに入ってきたトルコ人労働者の多くは短期の滞在資格しか持たされていなかった。現在の日本でも同じである。これに対して、同じ国内で地方から都市部に仕事を探してやってきた人が、仕事がなければ都市部での滞在資格をなくす、といったことはない。

次に、国外からの移民については、文化（特に言語と宗教）や生活習慣が異なることが多く、受け入れ国の住民の反発が大きくなるという難点がある。移民政策をめぐっては、比較的コストがかからない労働力の受け入れを望む経済界、たとえば中小企業経営者、建設会社、農業経営者などと、反発する一般国民とのあいだでの対立がある。移民受け入れによって職を失うのではないか、と考える国民の意識もまた無視できない。政治家はこれらの意見や思惑のあいだで調整を行う。何世代にもわたって国外出身の人を受け入れてきた国民のあいだでの抵抗は小さいだろうが、移民やその子世代と自国内で共存できていない場合、反発が大きくなる。これに対して同じ国内の出身者であれば、そういった軋轢《あつれき》はほとんどないはずだ。そのため移民の受け入れに際しては、国民感情と経済界の要請との板挟みになった政治家が、結局は世論を優先して移民に高いハードルを設けることも多い。

以上、国が移民を受け入れるのは人口を増やすためというよりは労働力不足に対応するため、という話をしてきた。労働力不足は、戦後のドイツや日本のように急激な経済成長によってもたらされることもあれば、人口構成の変化によってもたらされることもある。この意味では、少子化は間接的には移民の受け入れを促すこともある。ただ、少子化して人口が減るから受け入れるのではなく、少子化のために特定の労働力が不足しているから受け入れるのである。

少子化が労働力不足に影響するパターンには何があるだろうか。最も大きいのは高齢化、すなわち人口に占める労働力人口の低下による労働力不足である。また高齢化は、介護などのケア労働のニーズを高める。

日本でも韓国でも、そして将来的には中国でも、国外からの労働力の受け入れをもっと拡充する圧力がかかる。ドイツでもフランスでもアメリカでも移民問題は深刻で、しばしば大きな衝突につながることもある。それでも、長いあいだの受け入れ政策の展開の中で、衝突を緩和する動きが模索されてきた蓄積はある。経済成長期に移民労働力なしでも乗り切ることができ、そのため国外人材の受け入れ政策の蓄積が浅い日本や韓国では、受け入れに伴う軋轢の緩和という課題にこれから本格的に取り組むことになる。高度経済成長期に国外からの移民を「受け入れずに済んだ」ことが、今となって積み残されてきた課題として浮かび上がってきているわけである。

移民による出生の影響

移民と少子化の関係についての二つ目の論点は、移民出生力の問題である。短期労働者ではなく永住を認める場合、移民してきた人はそこで家族を持つか、あるいは家族を呼び寄せることになる。ほとんどの場合、移民送出国は移民受け入れ国よりも所得水準が低く、出生率が高い。そのせいか、比較的出生率が高いフランスやアメリカについて、「それは移民のせいだ」といった声が聞かれる。

ただ、移民の出生力が人口増に寄与するかどうかはケース・バイ・ケースである。

２０１７年フランスの合計特殊出生率は、フランス生まれの女性に限ると１・77であった。これに対して移民女性の出生率は2・60と、フランス生まれの女性の出生率を大幅に上回っている。これを説明するのはほとんどマグリブ（マグレブ）からの移民女性である。マグリブとは、かつてフランスの植民地であったチュニジアをはじめとするアフリカの北部地域である。移民を入れた全体の出生率は1・88と若干高くなっているが、フランス生まれの女性に限定すれば日本やイタリアの水準まで出生率が下がる、というわけではなく、依然として高い数字である。

概して、移民の出生率がいくら高くても、移民全体の割合がもっと大きくない限り、国全体の出生率に与える影響はそれほど大きくならない。フランス以外の国でもこれはたいていあてはまる。INED（フランス国立人口研究所）のヨーロッパの出生率に関するレポートでも、「French fertility rates top the rankings in Europe not so much for reasons of immigration, but rather because fertility among native-born women is high」と書かれており、その他の国についても移民の出生率上昇効果は限定的であることが示唆されている。*

*Sabrina Volant et al. (2019) "French fertility is the highest in Europe. Because of its immigrants?" *Population and Societies*, 568. また、デンマークやアイスランドなど、移民が全体の出生率を引き下げているケースもある〈労働政策研究・研修機構〈２０２０〉「国別労働トピック：移民と出生

率の高さの関係について」)。

もちろん数字はこれからまだ変動するが、現時点では、非移民の出生率に限ってみても日本よりも高い国は多い。したがって「欧米先進国の出生率の高さは移民のおかげだ」というのは、単純すぎる見方である。

日本においてはどうだろうか。まず、欧米諸国と比べると移民の割合が非常に小さい。ただ、こちらは徐々に増加する傾向にある。しかし外国人（外国出身）女性の出生率が顕著に高いということはない。山内によれば、「日本のＴＦＲ【注：合計特殊出生率】に対する外国人女性の影響は小さく、ＴＦＲを上昇させるよりもむしろ低下させる効果がみられた」という。*

＊山内昌和（２０１０）「近年の日本における外国人女性の出生数と出生率」『人口問題研究』66（４）41―59頁。また、国勢調査のデータを分析した是川《これかわ》も、「日本における外国人女性の出生率はベトナム人を除いて、概して日本人女性よりも低い」と述べている（是川夕〈２０１３〉「日本における外国人女性の出生力：国勢調査個票データによる分析」『人口問題研究』69（４）86―１０２頁）。

たしかに、移民の主要因である、送り出し国と受け入れ国とのあいだの経済格差は、両国間の基本的出生率の差を伴うため、移民が出生率を押し上げるのでは、と考えたくなるのも自然である。ただ、移住による生活環境の変化が一時的な出生行動の中断を引き起こしやすいこと（中断効果と呼ばれている）、移民は多かれ少なかれ移民先の国の生活水準やライフスタイルにシフトするため、出身国にい続けた場合よりも出生率は下がる傾向があること（適応効果と呼ばれている）から、移民の出生率がそれほど高くならなかったり、場合によっては低くなってしまうこともあるわけだ。

以上、移民が出生力に影響するかどうかはケース・バイ・ケースであること、その影響力を過大に見積もることはできないことを説明した。

次に指摘できるのは、移民自体が変化しているということである。すでに見てきたように、移民受け入れの理由は、少子化問題ではなく労働力不足の問題なのであった。ただ、現状での先進国では、かつてのような急激な経済成長において不足していた製造業における労働力不足を補う必要はない。国境を越える資本の移動を抑制する必要があった戦後のブレトン・ウッズ体制が終わり*、現在では国内製造業は海外に製造拠点を置くようになっている。

＊ブレトン・ウッズ体制（あるいはIMF体制、ドル金本位制）では、国内の金融政策の裁量と固定相場制を維持するために、資本の国際移動に制約を課していた。1980年代以降は固定相場制が放棄され、資本のグローバル化が本格化することになった。外資受け入れや生産拠点の国外移転を抑制するといったかたちでグローバル化を押しとどめようとする動きは、あったとしても経済上の仕組みではなく、政治的な意図（ドナルド・トランプ政権下におけるような、ある意味での「自国中心主義」）によって生じるようになっている。

製造業における労働力の代わりに不足したのは、国外に移転しにくい産業、すなわち農業と建設業の労働力、高齢化によるケアワークの労働力、そして女性の職場進出に伴って生じた家庭内労働の労働力である。特に家庭内労働者はここ数十年で顕著に増えており、働き手は女性がほとんどであるという点で、かつての労働力移民とは異なっている。すでに2010年代において世界で7600万人の家庭内労働者がおり、その76%は女性であるという推計がなされている。[＊] これはしばしば「移民の女性化」と呼ばれる長期的な変化である。家庭内労働者はしばしば住み込みであり、家族をすでに出身国に持っているケースが多く、受け入れ国の出生率には直接に影響しないことが多い。

*Bonnet, Florence, Françoise Carré and Joann Vanek (2022) "Domestic Workers in the World: A Statistical Profile" *WIEGO Statistical Brief*, 32.

第5章

少子化に関わる政策と数字の見方

財源論への傾注は避けるべき

「少子化問題をバランスよく、広い視野で位置づけ直す」ことが本書の趣旨であった。逆に言えば、特定の論点に議論が偏ってしまったり、数字を単純に理解してしまったりすることがよくあるということだ。この章では、このようなバランスの悪い理解が生じてしまうのはどうしてなのか、という問いを立て、政策と数字という二つの論点からこの問いに答えていこう。

まずは政策である。少子化対策の政治的議論は、しばしば予算と財源に偏って検討される。2023年1月に岸田総理が「異次元の少子化対策」を提起したあとも、常に議論の中心は予算・財源であったと言ってよい。

第1章でも少し触れたが、筆者は少子化対策について同年3月に日本記者クラブで講演を行った。主な内容は少子化対策が子育て支援と同一視されてしまうことの問題や、あるべき政策のあり方についてである。話のあとにフロアからの質問がいくつかあったのだが、やはり予算や財源についてのものが多かった。筆者自身は、予算・財源とは異なった角度から少子化対策を説明していたわけなので、講演の内容に絡まない質問が多かったように思う。

マスメディアや国政の場では「少子化対策の焦点は財源だ」というかなり強固な共通了解がある。政治においては財源（税にしろ社会保険にしろ）と予算（お金の使い方）が議論の重点を占めることはある意味では自然だが、それは政策の趣旨に依存すべきことだ。特定の政策の実現において予算措置が避けて通れない場合、当然だが財源の議論も出てくる。しかしそうではない場合、もう少しバランスの取れた議論が必要になる。本書をこれまで読んでいただいたのならわかると思うが、少子化対策にはいくつかの側面があり、その対策も単純ではない。それにもかかわらず少子化対策と子育て支援が同一視されることが多いため、少子化対策の議論もまた財源が中心的論点になってしまっている。子育て支援の核となる保育と児童手当の拡充を考えたとき、どうしても予算確保が前提となるからだ。

　私の講演では、少子化対策と子育て支援政策を同一視してはならないというメッセージを発した。実は、記者クラブで私の前に講演*をした佐藤博樹先生も、同様のことを強調していた。それにもかかわらず、マスメディアの関心は財源から離れない。もちろん、財源論が重要ではないというわけではない。質問があっても別に不思議ではない。しかし「子育て支援と少子化対策は同じではない、もっとバランスの取れた議論を」という講演を行い、それに対して、講演の内容に絡めるわけでもなく――「講演ではそう言っていたが、それでも聞いておきたい」といった留保もなく——「子育て支援の財源についてどう思うか」という質問が来るわけである。

＊佐藤博樹・東京大学名誉教授による講演。「人口減少　80万人割れの衝撃」（1）。記者会見の全編はやはりYouTubeで公開されている。https://www.youtube.com/watch?v=093oPyK6aVo

私たちは、少子化対策について考える際には、この二つの引力から離脱しなければならない。すなわち、子育て支援の引力と、財源論の引力である。

子育て支援政策に人を惹きつける力があることは、それ自体は別段悪いこととは言えない。それだけ社会が子どもを大事だと考えている証左にもなる。必要なのは、子どもを大事にするという価値観と、それに関連する政策との関係についてきちんと整理しておくことである。

少子化対策とは若干話が異なるが、筆者はいくつかの自治体で男女共同参画審議会の委員や会長を務めたことがある。男女共同参画行政は、文字通り男女の働き方の均等、家庭内労働の不均衡の是正、各種領域での女性の参画の推進などを課題とするが、それに加えてドメスティック・バイオレンス（DV）対策もまたカバー範囲になる。たとえば、DV相談業務を行政がどのように運営・管理しているのかは、審議会でチェックが入る。

ところで、ＤＶは児童虐待と同時に発生することがある。あるいは、ＤＶそれ自体が子育て世帯においては児童に悪影響を持ってしまう。したがって必然的にＤＶへの対応は児童福祉行政と連携をするのだが、筆者がたびたび経験したのは、児童虐待の話が男女共同参画審議会で話題になると、それ以降の審議会の議論がその話で占められてしまうことだ。児童虐待の話は極めて重要であることは言うまでもないのだが、基本的には別の会議体で責任を持って審議していることであり、男女共同参画審議会の限られた時間の多くをそれに費やすことはできない。ただ、子どもの話は強い引力を持つからか、どうしても議論がそちらに引きずられてしまうのだ。少子化対策については、子育て支援への傾き度合いがさらに強く、全体的に議論すべき課題のバランスが取れないことが多い。

また、少子化対策としてバランスが取れていたとしても、子育て支援政策を少子化対策の一環として展開することには注意が必要である。というのは、そのように位置づけてしまうと、少子化対策に政府が注力しなくなったときに、子育て支援もそれに伴って軽視されてしまう余地が出てくるからだ。もし子育て支援を、少子化していようがいまいが重要な政策として恒常的に位置づけるべきものだと考えるのならば、少子化対策の手段として位置づけられないほうがよい。もちろん子育て支援が結果として少子化対策になるのならば、それはそれで問題ない。

たとえばフランスの児童向け現金給付は、2歳までのすべての子どもに支給される手当（乳幼児迎え入れ手当）と、20歳までの第2子以降に支給される手当（家族手当）がある。後者の家族手当は第1子には支給されないため、子育て支援というよりは出生力向上の手段としての側面が強い。

日本の児童手当は第1子から支給される点でフランスの家族手当と異なるが、支給にあたっての所得制限の撤廃が少子化対策の一環として位置づけられて議論されている以上、出生率が一定程度回復すれば、それは所得制限を復活させる理由になると考えるべきだろう。

もちろん、どちらが正しいのかという答えを出すことはできない。どうすべきかは究極的には私たち国民が決めることだ。

さて、予算・財源を議論の中心に据えることの問題点に話を戻そう。まず、人を対象とした支出のための予算の特徴として、支出対象が多くなれば支出額も大きくなるというものがある。これは当たり前と言えば当たり前だが、注意すべき点としては、支出規模が大きいことがそのまま「気前のよさ」を表すわけではない、ということだ。たとえば日本では年々高齢者向けの予算（特に医療費）が大きくなっている。国民所得と比べたときの高齢者関係給付の割合は、１９７５年では３％であったのが、40年後の２０１５年には20％まで増加した。給付額も３兆９０００億円から77兆７０００億円まで増えている。ただ、この増加をもって「日本では高齢者の福祉が充実した」と評価することはできない。給付の増加の要因として、高齢者の増加が大きいからである。

子ども向け支出でも同じで、予算規模の変化を見るだけだと、給付の手厚さや保障の充実度合いを知ることはできない。一人あたりの額、制度の質を丁寧に見ていく必要がある。財源を議論する際には歳入や予算全体の規模との兼ね合いで議論が進むことが多いが、公的支援の手厚さを考えるときには、予算規模それ自体を見ても何もわからないことに注意が必要である。

政策をバランスよく理解する

本書で強調したいことの一つが、少子化は複合的な問題だ、ということだ。その問題の解決あるいは緩和にもさまざまな側面がある。重要な論点をあらためて書き出してみると、以下のようになる。

出生数の低下の趨勢《すうせい》は変えられないため、それを前提に社会の設計を考える必要がある。労働力の不足しがちなケア労働、農業、建設業などにおいて、効率化や外国人労働力の活用を含めた対策を急ぐ必要がある。

出生率に関しては、ここ数年は有配偶出生率の低下の影響が出てきたが、全体的には晩婚化・未婚化の影響が大きい。安定した雇用・賃金や住居など、若い人向けの生活保障に向けた対策が必要になる。

自治体ごとに見た場合、働き口があること、住居コストが高くないことが、出生率や人口規模の維持において重要になる。自治体ごとの対策も必要だが、移動が出生を促すことも考えられるので、特定の自治体に人口をとどまらせるような政策には注意が必要である。

国外、特に西欧諸国の婚外出生率の高さは、安定した事実婚の増加の結果である。出生率を上げる政策として婚外出生を増やすという方向性には意味がない。

国境を越えた移民の多くは労働力不足の結果であり、出生力対策として位置づけられることはほぼない。実際、移民出生力の貢献の度合いは決して高くない。

以上を踏まえた上で、政策の位置づけについてあらためて考えてみたい。

さきほど、少子化対策が子育て支援とその財源の問題に引っ張られがちであることを論じた。その理由の一つとして、子どもに関連する政策は人々の関心を集めやすく、引力があるからだということも述べた。他方で、財源（支出）を伴う政策に政治家を惹きつける要素がある、ということも指摘できる。

財源を確保して支出を伴う政策を実現することは、政治家にとってはそれ自体が「実績」になる。それが出生率に影響するかどうかはさておき、「児童手当を拡充した」という事実が残るからである。私企業であれば、結果につながらない――あるいは、つながるかどうかよくわかっていない――手段をいくら実現しても、それ自体が実績として評価されることはそれほどないかもしれないが、政治の世界ではこのようなことがよくある。

もちろん児童手当が拡充されれば特定の子育て世帯の生活の支援になることは確実であるので、少子化対策を離れてみれば「目的」として位置づけることもできる。しかし政治家やメディアでは、あくまで少子化対策として児童手当を位置づけているので、やはり「児童手当が出生率を増やす」ことはどこかで前提とされているのかもしれない。

他方で、それ自体を「実績」として位置づけることができない政策もたくさんある。たとえば若年者の雇用の安定という政策目標は、雇用をめぐる環境の整備が必要になるため、企業、教育、労働市場などさまざまな分野での総合的対策を必要とする。これはひとことで言えば、「何が実績になるのかわかりにくい政策」である。手当の拡充であれば、実績は「拡充すること」であり、財源の問題がクリアできればあとは実行するだけである。しかし総合的な対策が必要な政策については、そのようなシンプルな評価をすることができない。

問題なのは、政治家として実績にすることが難しい、成果が見えにくい総合的な政策のほうがしばしば重要なのだ、ということだ。フランスの少子化対策がある程度成功してきたのは、雇用、男女賃金格差、保育などさまざまな政策を総合的に絡め合わせて、長期的にじっくりと取り組んできたからだ。

「総合的・長期的に・粘り強く」という政策方針は、個々の政治家にとってはアピールが難しいものだ。しかし少子化問題といった複合的な現象については、この方針こそ王道である。何より、問題を解決する魔法のようなやり方はなかなか見つからないものだ。2023年度はじめの岸田総理の会見で「異次元の少子化対策」が打ち出されて以降、政治家やメディアはしばしば特効薬のような効果をうたう政策を提起することもあった。フランスが採用している所得税制の「N分N乗」方式がその一つである。

N分N乗方式とは、所得税の課税方法の一つで、世帯単位課税の分割方式であり、日本が70年以上ずっと採用してきた個人単位課税とは根本的に異なる仕組みである。現在の日本では、同一世帯であってもまずは個別に課税をし、事後的に扶養控除を適用するという方式をとっている。他方で世帯単位課税の分割方式の場合、世帯の所得を合算し、それを世帯の人数に応じた数（序数）で割った数字に所得税を課す。序数は、大人は1、子どもはたとえば第1子から第2子は0・5だが、第3子以降は1といった設定をすることで、多子世帯において有利な所得税制になる。

ただ、この方式は所得が高く、また子どもが多い世帯に有利な税制であり、日本のように高所得者のほうが家族を持ちやすい状況においては、税による所得再分配（豊かな世帯から恵まれない世帯への税を通じた所得移転）の機能が弱くなる。また、共働きではなく片働き世帯を増やすインセンティブにもなる。* それに、税の徴収方式の根本的な改定が必要であり、膨大な行政コストがかかる。こういった副作用が知られていくにつれ、一時はさかんに持ち上げられたN分N乗方式は、いまやすっかり忘れ去られてしまった。

＊筒井淳也（2016）『結婚と家族のこれから：共働き社会の限界』（光文社新書）

フランスはこのような副作用の大きいN分N乗方式を導入しているが、その理由は伝統的に出生促進政策が継続されてきたことにある。しかし同時に両立支援等のその他のプログラムや男女賃金格差の是正などが進んでいるために、共働き化も進んでおり、副作用を抑えることができている。N分N乗方式は、あくまで全体の政策パッケージの中の一部であり、そこだけ取り出して「フランスでは成果が出ているから日本でも導入すべきだ」と考えるのは短絡的である。

少子化対策としての働き方改革

1990年代以降の少子化対策においては、子育て支援がメインであったことはすでに指摘した。中でも、児童手当のほか、保育サービスと育児休業制度の拡充が支援政策の柱であった。

保育と休業の拡充は、女性が結婚し子どもを産み育てながらも就業を継続できる環境の整備を意図した政策だが、すでに見てきたように出生力低下の大きな部分は晩婚化・未婚化によって説明できるものだったため、少子化対策としての効果は目立ったものではなかったといえる。

日本の場合に必要なのは、むしろ独身期を含めた若年層をも広くカバーする雇用システムあるいは働き方の改革である。「少子化対策としての働き方改革」と言えば、すぐに保育サービスと育児休業を思い浮かべる人も多いだろう。しかし、これらは子育て期の働き手をターゲットとしたプログラムである。肝心なのは、子育て世帯の働き手に限らず、働き方全般を変えていくことだ。

少し想像してみよう。誰かと出会い、結婚して協力しながら生活を成立させ、子育てを行う人生において、どういう働き方であればそれを支えることができるだろうか。もし安定した所得がなければ、そういった人生はなかなか想像できないだろう。出生力対策として最優先すべきは、経済政策、特に安定雇用の拡充と賃金の上昇である。経済政策は短期的には実を結ばない、それこそ総合的かつ長期的な取り組みが必要なものだが、効果は大きい。

次に、自分が近い将来にどこでどのような働き方をしているのかが、ある程度予測できることが重要である。この予測を難しくするのが、いわゆる「日本的雇用」、特に日本の大企業において典型的に見られる働き方である。それはすなわち、「労働時間と勤務地を選べない」働き方である。*労働時間を選べないというのは、時間外労働について自分の判断だけで、なくしたり増やしたりすることが難しい、もっと言えば慢性的に残業が発生しやすい、ということである。勤務地を選べないというのは、転勤を拒むことが難しい、ということである。

＊筒井淳也（2015）『仕事と家族：日本はなぜ働きづらく、産みにくいのか』（中公新書）

このような働き方は、日本人にとってはなじみ深いものだが、日本以外ではほとんど見ることができない。世界的に見れば、時間外労働は一部の働き手を除けば珍しいものだし、転勤も基本的には存在しない。

時間外労働は、独身者にとってはプライベートな時間を奪うことで結婚を妨げる要因になりうる。有配偶者にとってみても、特に共働き世帯では夫婦ともに時間外労働が長いような働き方は、出産や子育てを邪魔する大きな要因になる。転勤も同じだ。結婚を念頭に付き合っている二者の片方、あるいは両方に転勤の可能性があれば、安定した結婚生活を思い浮かべることは難しい。日本のこのような働き方は、結婚や子育てにとって阻害的に働きうる。

拡充すべきは、安定した雇用と賃金のもとで、時間外労働と地理的移動の可能性が少ないような働き方である。それは言ってみれば、地方公務員のような働き方である。地方公務員はたしかに大企業正規雇用と比べれば所得は高くないかもしれないが、時間外労働が抑制的で、転勤の可能性が低いため、共働きで世帯を形成する人生を思い描きやすい。海外ではこのような働き方が一般的であるが、日本ではまだ広がりが小さい。

肝心なのは、若い人が10年後、20年後の自分の姿を想像できるような働き方を広げることである。N分N乗のケースでもそうだったが、部分的に切り取って実行するようなやり方では効果は出にくいし、むしろ裏目に出ることもある。

たとえば働き方改革を「時間外労働の削減」と同一視してしまうと、多くの場合、毎月の実入りが減るという結果につながりやすい。極端なケースだと、経営者が時間外労働にかかる人件費を削減するために「働き方改革」を掲げることも考えられる。この場合、仕事の全体量が変わらず、自宅に持ち帰って仕事をする、といったことも考えられる。また、減ってしまった所得では子どもをもてないと諦めてしまうカップルもいるかもしれない。言ってみれば「働き方改革の意図せざる結果」である。

時間外労働を抑制しつつ、そのぶん家庭の時間をつくり、共働き化の動きが活性化すれば、世帯の所得はむしろ増えるケースもある。出生率の観点からすれば、このようなケースを増やすことが肝心である。ただ、こういった調整にはしばしば時間がかかる。マイナスの副次的結果を抑制しつつ、全体のシステムを粘り強く変えていく必要がある。

そもそも出生率をどう計算しているのか

少子化は複合的な現象である。少子化というテーマをめぐって、出生率を核としつつも、さまざまな変化あるいはそれを示す数字が絡み合う。第1章で述べてきたように、どの数字に注目すべきなのかは文脈によって変わる。ある場合には人口規模が、ある場合には人口構成が、より重要な指標となる。

そして、意外と知られていないが、出生率という数字自体もまた、目的や文脈に応じて計算方法が異なることがある。こう書くと、出生率の計算方法は明確に定義されているのだから、そんなことはないと反論したくなる人もいるかもしれない。

しかし、そもそも出生率を簡潔な定義で、しかも厳密に計算することは不可能に近い。出生率のシンプルな定義からすれば、分母を概念的に確定した上で、その人たち（女性）が特定の期間の開始から終了まで（たいていは1年間）に平均して何人の子を出産したか（分子）、を計算したものだ。単純化された世界では、たとえばある年の開始時点で、特定の場所に特定の年齢の女性が1000人おり、この1000人は全員死亡することなく1年間を同じ場所で（移動することなく）過ごし、ある女性は1年間のうちに子どもをもち、ある女性はもたない。これだと計算は楽である。

しかしこの時点でも、実は議論の余地がある。

そもそも、なぜ分母を女性に限定するのだろうか。「子どもを産む可能性があるからだ」と答えたくなるかもしれないが、では何らかの理由で身体的に子どもを産むことができない女性は分母から外すべきなのだろうか。実際にはそのような定義は採用されない。出生率の場合、国勢調査をもとにして総務省統計局が毎月発表している「人口推計」が用いられる。* 総務省の国勢調査時の性別は、戸籍の登録と同じでなければならない、というわけではない。総務省の方針は「ありのままに書く」というものだが、基本的には回答者の判断に委ねられている。以上から、出生率の計算の分母には、子どもを産む可能性がない女性や、戸籍は男性だが性自認が女性である人も含まれうる。

＊国勢調査は5年に1回であるため、そのあいだの人口については、国勢調査人口を基準として、人口動態統計（出生と死亡）などの他の統計を用いて月ごとの人口を推計し、これが出生率などの他の統計の計算に用いられる。

出生率と言えば、産む可能性がある人の人数から実際にどれくらいの数の人が生まれたのか、という数値だと思いたくなるが、すでに見てきたように必ずしもそうではない。「産む可能性があるかどうか」という定義には曖昧な部分があり、かつ統計的に把握することが困難であるので、国勢調査で「女性」であると回答した人の数が分母になっている。とはいえ、医学的に子どもを産むことができない女性が顕著に増えるといった特殊な事情があるのでなければ、この点は大きな問題にはならないだろう。

より問題なのは、やはり期間と場所である。出生率が特定の期間と場所において計算されることは、数値を厳密に計算する手続きという側面もあるが、数値の曖昧さにつながってもいる。期間は、通常は1年間である。1年間に生じた出生の数は把握しやすいかもしれないが、分母の数は曖昧だ。というのは、1年間のあいだに死亡や移動で分母が変動するからである。したがって厳密に計算しようと思えば、たとえば3カ月間特定の地域にいて（あるいは生存して）、残りの9カ月は別の地域にいた（あるいは死亡した）女性については、重みづけをするなど特別な計算をして出生率を算出するしかない。しかしこれだと計算方法が非常に煩雑になるので、簡略化して10月1日時点の分母（女性）の人口推計が用いられている。これが実態を反映しているのかどうかはわからない。

ここまでですでに、出生率の実際の計算はシンプルな定義から外れた、「割り切ったもの」

だということがわかる。

ただ、厄介な問題はまだ残っている。そもそもある年の「日本の出生率」は、どう定義できるだろうか？　もう少し言えば、出生率の定義に忠実に「日本の出生率」を計算するにはどうしたらよいのだろうか？　結論から言えば、厳密に算出するのは不可能に近い。この「日本の」の部分が難しい。

手始めとして「日本の」を「日本国籍を持つ女性の」と定義してみよう。この定義は一見自然に見える。日本人女性（日本国籍を持つ女性）はどれくらい子を産んできたのか？という問いに合致する。

ただ、この場合、分子には日本国籍を持たない外国籍の子も含まれる。海外に滞在し、外国籍の男性と結婚している場合など、ありうるケースだ。出生率を「分母の女性から何人の出生があったか」だと考えれば、子どもが日本人以外でも当然カウントする必要がある。日本人女性から生まれた子どもは、日本国籍を獲得する。しかし、他の国の国籍も取得している場合（二重国籍）、その子の日本国籍を維持する（将来の帰国などを見据えて国籍留保をする）こともあれば、日本国籍を放棄する場合もある。*

*日本政府は二重国籍を認めないので、他国の国籍を取得した場合、一定期間（20歳以前なら22歳まで、それ以降なら2年以内）に国籍の選択をしなければならない。しかしさまざまな理由で国籍選択は難しく、非選択（二重国籍の維持）に罰則を科すこともなされていない。だいいち、国籍は一度取得したら離脱できないという国の国籍との二重国籍の場合、日本政府の方針がどうであっても、日本国籍を維持したい場合には必然的に二重国籍になってしまう。

要するに、分母を確定した上で出生率の定義に忠実になるのなら、生まれてくる子どもの国籍は関係なく集計する必要があり、その場合には出生数に外国籍の子も含まれる。ただ、これだと出生率の定義には忠実だが、将来的な日本人の数を出生率からは予測できないため、別途「うち、日本国籍を持つ子の割合」のような数字を発表する必要がある。

というわけで、「日本の」という言葉を「日本国籍を持つ女性の」と捉えた場合、出生率の計算はできるが、その出生率からは厳密には将来の日本人の人口を予測できない、ということがわかる。ただ、日本人女性から生まれる子の多くは日本人になるはずなので、数字的には大きな影響はないと言える。

他方で、「日本の」を「日本国籍を持つ子について」と定義すると、さらに問題はややこしくなる。たしかに、「日本の女性はどれくらい子をもつのか」ではなく、「生まれてくる日本人の数」に関心を持つ人も多いだろう。というよりも、こちらの関心のほうが圧倒的に大きいはずだ。しかし出生率の数字をこの関心にひきつけて理解することは難しい。

そもそも、この場合の分母はどうしたらよいだろうか。「日本人を産む可能性のある女性」を事前に確定することは不可能である。一つのやり方は、特定時点において日本国籍の女性（外国籍男性と結婚している人を含む）と日本国籍の男性と結婚している外国籍の女性（いずれも国内外問わず）を合計した数字を使うことである。しかし前者はともかくとして、後者は期間内に変化しやすい。つまり1年間において、新たに日本人男性と結婚する女性が出てくるだろうし、また離婚することもある。日本の場合、分母には毎年の10月1日現在の人口が用いられるが、この時点での分母と「日本人を産む可能性のある人口」が一致するとは限らない。

要するに、「日本国籍の子を産む可能性のある女性」を選ぶことには一定の恣意《しい》性があり、定義のゆらぎが生じやすい。海外在住で非日本国籍の男性と結婚している日本人女性が、これから生まれてくる子どもの国籍には日本は考えていないという場合、分母から外すべきだろうか。このやり方は考えにくい。「日本国籍の子をもったらその母についてのみ分母にカウントする」というのは、分子が確定してから分母を決めるということになって、論外とまでは言えないかもしれないが、かなり奇妙である。

したがって、事前に分母を確定させるためには、やはり生まれてくる子の国籍は無関係に出生率を計算しなければならない。つまり「日本国籍を持つ子」を分子とした場合、そもそも出生率は計算できない。

もう一つの方法は、「日本の」というのを「日本に住む（常住する）」という意味にしてしまう方法である。当然、外国籍の女性（外国籍の男性と結婚している人も含む）も分母に入ってくる。この場合、出生率は計算できるが、生まれてくる子の国籍は日本とは限らないので、上述の問題は残る。

以上のように、出生率の計算式に忠実であることを優先させると、子の国籍を限定することはできない。つまり「日本の出生率」には必然的に外国籍の子も含まれる。したがって、出生率から「日本人」の将来人口の予測をする際には若干の注意が必要である。日本人ではなく「日本の」将来人口を考えた場合でも、外国籍の人のほうが日本にとどまる可能性は低いだろうから、注意が必要である（もちろん日本国籍の人もいずれは常住地・国籍において日本から離れる可能性はあるが）。

長々と説明してきたが、要するにこういうことだ。どのような手続きでも、ある国の出生率は「きちんと、きれいに」計算できないのである。実際には女性の数の増減や出入りがあるのに「一定時期、一定の場所」の出生率を計算することがまず難しいし、国籍までそこに加わってしまっては、余計にきれいな数字を算出するのは無理である。実は数字というのはそもそもそういうもので、一見客観的に見えて、その実さまざまな質的な判断の上で成り立っているものだ。

このことを踏まえて、日本における出生率の計算の実際を見てみよう。

現状の人口動態調査における出生率の計算は、分母は日本国籍を持つ女性の数（10月１日時点の日本常住の人口推計）で、分子は日本常住の日本国籍の子である（速報値ではこれに限らないが、確定値では日本国籍限定になる）。したがって分母と分子は対応していない。このことが以前、新聞上で問題になったことがある。２０２３年7月の「合計特殊出生率　実態は公表値よりもっと低かった…専門家が『信じられない』統計手法とは」という東京新聞の記事である。記事では、この計算の手続きが「あまりにもおかしい」という経済学者のコメントも掲載されている。

ただ、すでに見てきたように、出生率の計算の手続きはどうやっても「おかしい」ものにしかならない。いくつかある計算手続きのうち、現状のものが特段に「おかしい」かどうかは、控えめに言っても判断次第であり、10人専門家がいたら10人が「あまりにもおかしい」と判断するようなものではない。ましてや何らかの意図を伴った「捏造《ねつぞう》」であるとは言いにくい。

すでに述べたように、出生を日本国籍の子に限定すること（分子から遡って分母を決めること）はできない。したがって個人的には、分母からも分子からも国籍のしばりを外した上で、「10月1日時点で日本に常住する女性」を分母に、「その年の日本国内で生じた出生数」を分子にした上で「日本の」出生率を計算し、その他の数字（日本国籍の子の出生数など）は別途発表するのがよいと考える。このやり方も特定の期間と場所についての想定の上での数字であり、決して「きれいな」数字ではないが、分母と分子の対応がよりわかりやすい手続きではある。

しかし数字の計算方法というのは常に一長一短だ。出生率の計算としてはわかりやすいが、日本人の出生数や将来人口予測と出生率の数字を結びつけにくく、その点では「わかりにくく」なる。はじめの議論に戻るが、結局のところ、文脈や目的に応じて適切な数字を総合的に組み合わせて利用するしかない。出生率もそのなかの一つであり、いかなる場合にも一つに定まるような数字ではない。

おわりに

2023年、岸田文雄総理が年頭の記者会見で「異次元の少子化対策」を実施すると語り、その後、こども家庭庁設立に向けた「こども政策の強化に関する関係府省会議」が複数回開催されることになった。首相官邸で開催されていた一連の会議に私も出席し、報告することになった。私の前に報告されるはずだった明治大学の安藏伸治《あんぞうしんじ》先生は残念ながら体調の理由で会議を欠席されたが、報告資料は事前に提出されていた。タイトルは『少子社会にもとめられる「家族」と働き方：「少子化対策」と「子育て支援」の混同』だ。

「こども政策の強化に関する関係府省会議」は、原則として岸田総理と（こども家庭庁の担当大臣に任命予定の）小倉將信《まさのぶ》大臣、そして関係府省の官僚が出席し、日本政府の少子化社会対策の道筋を決める重要な位置づけをされていたように思う。私が報告した第3回の会議のテーマは「働き方」だったが、安藏先生の報告は、副題からも読み取れるように、子育て期に限定されない、若者の職業キャリアの安定を訴えるものであった。具体的には、「20代後半までに『共働き』で結婚することができ、就業継続ができる社会の実現」の重要性がうたわれていた。私も自分の報告で、「若者が長期的にキャリアを展望できるように、もう少しバランスのよい対策を」と訴えた。

ただ、東京大学名誉教授の佐藤博樹先生が記者クラブの講演で言われていたが、「少子化問題は難しい」。一部の例外を除いて、首尾よく解決した経済先進国はない。例外とは、出生力促進を国民的合意のもとで100年以上進めてきたフランス、安全保障上の理由が大きいイスラエルだ。出生率低下の理由は各国ごとに異なるし、また有効な対策も国ごとに違う。

要するに、「特段の理由」から少子化対策を進めてきたフランスとイスラエルを除けば、どの国も少子化対策はうまくいっていない。私は本書で、日本においては子育て期に限らないスパンの広い対策を、と訴えた。しかしこれとて、うまくいくとは限らない。

ただ、はっきりさせたいことはある。少子化問題には、総合的かつ持続的な取り組みが必要だ。ウェブ記事にありがちな「○○を解決するたった一つの方法」みたいなものは存在しない（あればもう解決している）。私が政治家なら、国民に「すぐには成果は出ないだろうが、長期的に取り組むので見ていてほしい」と訴えかけるだろう。ただ、そんな歯切れの悪い対応だと、間違いなくウケは悪いだろう。

次に、総合的かつ持続的な取り組みをするために、少子化についてのバランスの取れた見方を広げることが重要である。本書で取り上げたトピックには、日本ではまだ浸透していない少子化に関する見方がいくつか含まれているはずだ。

ちょうど政府会議の準備をしていた2023年の2月、PHP研究所の水島隆介さんから雑誌『Voice』に少子化問題についての記事の執筆依頼をいただいた。その縁で4月ごろに新書執筆のお話をいただき、6月に正式に執筆依頼を受け、書き始めることになった。

水島さんをはじめ、本書の執筆にあたっては多数の人たちにお世話になった。

京都大学の柴田悠《はるか》先生とは、いくつか仕事をご一緒する中で少子化問題について意見交流を行った。私は、少子化問題はさまざまなデータ・資料から総合的に見ていくべきだと考えているが、柴田先生はいつも重要な情報を与えてくれた。それらをうまく受け止める力量は筆者にはなかったかもしれないが、ありがたく感じている。政府会議のあと、あらためて国勢調査や出生率のデータを分析していったところ、近年では結婚した人の出生率もかなり下がってきたのではないかということが見えてきた。柴田先生は、国際比較データを通じて政府の家族支出の効果に注目されているが、子育て支援はこれから重要度を増していく可能性が高い。

柴田先生とは、彼が京都大学の大学院生だったころからの付き合いで、私が彼の博士論文の副査を務めたこともあった。突出したデータ分析能力を持つ社会学者である。読者の皆様はこれから柴田先生の業績にぜひ注目してほしい。

PHP新書の担当者、宮脇崇広さんには丁寧に文章を見てもらい、改善の示唆をいくつもいただいた。ポカとしか言いようのないミスも多数拾いつつ、読みにくい文章の改善案を提案してくださった。深く感謝したい。もちろん本書に含まれる読みにくさ、残っている間違いなどがあれば、すべて筆者の責任である。

少子化問題については、まだまだ論じられていないことも多い。恋愛行動など、より文化的な側面については、極めて重要でありつつ、きちんと考察できなかった。子育て支援が結婚を促す効果を持つのかどうかも、本来は重要な視点だが、こちらも力不足でカバーできなかった。課題は多いが、いったんここで筆を擱《お》くことにする。

2023年11月　京都にて

筒井淳也

PHP新書

PHP INTERFACE
https://www.php.co.jp/

筒井淳也［つつい・じゅんや］

立命館大学産業社会学部教授。1970年、福岡県生まれ。一橋大学社会学部卒業。同大学大学院社会学研究科博士後期課程満期退学。博士（社会学）。専門は家族社会学・計量社会学。

著書に『制度と再帰性の社会学』（ハーベスト社）、『親密性の社会学』（世界思想社）、『仕事と家族』（中公新書）、『結婚と家族のこれから』『数字のセンスを磨く』（以上、光文社新書）、『社会を知るためには』（ちくまプリマー新書）、『社会学—「非サイエンス」的な知の居場所』（岩波書店）などがある。

未婚と少子化

この国で子どもを産みにくい理由

（PHP新書 1382）

二〇二三年十二月二十八日　第一版第一刷

著者——筒井淳也

発行者——永田貴之

発行所——株式会社ＰＨＰ研究所

東京本部——〒135-8137　江東区豊洲5-6-52

ビジネス・教養出版部　☎03-3520-9615（編集）

普及部　☎03-3520-9630（販売）

京都本部——〒601-8411　京都市南区西九条北ノ内町11

組版——有限会社メディアネット

装幀者——芦澤泰偉＋明石すみれ

印刷所
製本所——図書印刷株式会社

ISBN978-4-569-85616-2

PHP新書刊行にあたって

「繁栄を通じて平和と幸福を」(PEACE and HAPPINESS through PROSPERITY)の願いのもと、PHP研究所が創設されて今年で五十周年を迎えます。その歩みは、日本人が先の戦争を乗り越え、並々ならぬ努力を続けて、今日の繁栄を築き上げてきた軌跡に重なります。

しかし、平和で豊かな生活を手にした現在、多くの日本人は、自分が何のために生きているのか、どのように生きていきたいのかを、見失いつつあるように思われます。そして、その間にも、日本国内や世界のみならず地球規模での大きな変化が日々生起し、解決すべき問題となって私たちのもとに押し寄せてきます。

このような時代に人生の確かな価値を見出し、生きる喜びに満ちあふれた社会を実現するために、いま何が求められているのでしょうか。それは、先達が培ってきた知恵を紡ぎ直すこと、その上で自分たち一人一人がおかれた現実と進むべき未来について丹念に考えていくこと以外にはありません。

その営みは、単なる知識に終わらない深い思索へ、そしてよく生きるための哲学への旅でもあります。弊所が創設五十周年を迎えましたのを機に、PHP新書を創刊し、この新たな旅を読者と共に歩んでいきたいと思っています。多くの読者の共感と支援を心よりお願いいたします。

一九九六年十月

PHP研究所

PHP新書

［社会・教育］

418 女性の品格　坂東眞理子
495 親の品格　坂東眞理子
504 生活保護vsワーキングプア　大山典宏
522 プロ法律家のクレーマー対応術　横山雅文
586 理系バカと文系バカ　竹内 薫［著］／嵯峨野功一［構成］
618 世界一幸福な国デンマークの暮らし方　千葉忠夫
621 コミュニケーション力を引き出す　平田オリザ／蓮行
629 テレビは見てはいけない　苫米地英人
854 女子校力　杉浦由美子
869 若者の取扱説明書　齋藤 孝
888 日本人はいつ日本が好きになったのか　竹田恒泰
987 量子コンピューターが本当にすごい
竹内 薫／丸山篤史［構成］
994 文系の壁　養老孟司
1022 社会を変えたい人のためのソーシャルビジネス入門　駒崎弘樹
1025 人類と地球の大問題　丹羽宇一郎
1032 なぜ疑似科学が社会を動かすのか　石川幹人
1040 世界のエリートなら誰でも知っているお洒落の本質　干場義雅
1059 広島大学は世界トップ100に入れるのか　山下柚実
1073 「やさしさ」過剰社会　榎本博明
1079 超ソロ社会　荒川和久
1087 羽田空港のひみつ　秋本俊二
1093 震災が起きた後で死なないために　野口 健
1106 御社の働き方改革、ここが間違ってます！　白河桃子
1125 『週刊文春』と『週刊新潮』闘うメディアの全内幕
花田紀凱／門田隆将
1128 男性という孤独な存在　橘木俊詔
1140 「情の力」で勝つ日本　日下公人
1144 未来を読む　ジャレド・ダイアモンドほか［著］
大野和基［インタビュー・編］
1146 「都市の正義」が地方を壊す　山下祐介
1149 世界の路地裏を歩いて見つけた「憧れのニッポン」
早坂 隆
1150 いじめを生む教室　荻上チキ
1151 オウム真理教事件とは何だったのか？　一橋文哉
1154 孤独の達人　諸富祥彦
1161 貧困を救えない国 日本　阿部彩／鈴木大介
1164 ユーチューバーが消滅する未来　岡田斗司夫
1183 本当に頭のいい子を育てる 世界標準の勉強法　茂木健一郎
1190 なぜ共働きも専業もしんどいのか　中野円佳

1201 未完の資本主義　ポール・クルーグマンほか［著］／
大野和基［インタビュー・編］
1202 トイレは世界を救う　ジャック・シム［著］／近藤奈香［訳］
1219 本屋を守れ　藤原正彦
1223 教師崩壊　妹尾昌俊
1229 大分断　エマニュエル・トッド［著］／大野 舞［訳］
1231 未来を見る力　河合雅司
1233 男性の育休　小室淑恵／天野 妙
1234 ＡＩの壁　養老孟司
1239 社会保障と財政の危機　鈴木 亘
1242 食料危機　井出留美
1247 日本の盲点　開沼 博
1249 働かないおじさんが御社をダメにする　白河桃子
1252 データ立国論　宮田裕章
1262 教師と学校の失敗学　妹尾昌俊
1263 同調圧力の正体　太田 肇
1264 子どもの発達格差　森口佑介
1271 自由の奪還　アンデシュ・ハンセンほか［著］／
大野和基［インタビュー・編］
1277 転形期の世界　Ｖｏｉｃｅ編集部［編］
1280 東アジアが変える未来　Ｖｏｉｃｅ編集部［編］
1281 ５０００日後の世界　ケヴィン・ケリー［著］／
大野和基［インタビュー・編］／服部桂［訳］
1286 人類が進化する未来　ジェニファー・ダウドナほか［著］／
大野和基［インタビュー・編］
1290 近代の終わり　ブライアン・レヴィンほか［著］／
大野和基［インタビュー・編］
1291 日本のふしぎな夫婦同姓　中井治郎
1298 子どもが心配　養老孟司
1303 ウイルス学者の責任　宮沢孝幸
1307 過剰可視化社会　與那覇潤
1315 男が心配　奥田祥子
1321 奇跡の社会科学　中野剛志
1326 ネイチャー資本主義　夫馬賢治
1328 「立方体が描けない子」の学力を伸ばす　宮口幸治
1331 何もしないほうが得な日本　太田 肇
1334 指導者《リーダー》の不条理　菊澤研宗
1336 虐待したことを否定する親たち　宮口智恵
1343 ディープフェイクの衝撃　笹原和俊
1356 先生がいなくなる　内田良／小室淑恵／
田川拓磨／西村祐二
1362 老い方、死に方　養老孟司
1367 左利きの言い分　大路直哉
1374 「今どきの若者」のリアル　山田昌弘［編著］